外交学院
2016年科学周论文集

主　编　秦亚青
副主编　夏莉萍

WA 世界知识出版社

图书在版编目(CIP)数据

外交学院2016年科学周论文集 / 秦亚青主编. —北京：世界知识出版社，2017. 12
ISBN 978-7-5012-5648-8

Ⅰ.①外… Ⅱ.①秦… Ⅲ.①社会科学—文集 Ⅳ.①C53

中国版本图书馆CIP数据核字（2017）第304056号

责任编辑　袁路明
责任出版　赵　玥
责任校对　陈可望
封面设计　田　林

书　　名　外交学院2016年科学周论文集
Waijiao Xueyuan 2016 Nian Kexuezhou Lunwenji

主　　编　秦亚青
副 主 编　夏莉萍

出版发行　世界知识出版社
地址邮编　北京市东城区干面胡同51号（100010）
网　　址　www.ishizhi.cn
电　　话　010-65265923（发行）　010-85119023（邮购）
经　　销　新华书店
印　　刷　北京京华虎彩印刷有限公司
开本印张　850×1168毫米　1/32　7½印张
字　　数　220千字
版次印次　2017年12月第一版　2017年12月第一次印刷
标准书号　ISBN 978-7-5012-5648-8
定　　价　33.00元

本书获中央高校基本科研业务费专项资金资助

目　录

（按作者姓名拼音首字母排序）

一、外交与国际关系

二、国际经济与国际法

三、语言与文化

四、教学管理与人才培养

五、图书馆学

浅析马克思恩格斯外交思想的基本原则[①]

基础部　李晨媛　姜　琳

马克思恩格斯的外交思想具有阶级性、公开性、实践性以及原则性的基本特征，其中原则性也就是指外交活动应遵循的基本原则，主要包括民族独立原则、和平共处原则以及国际合作原则。它们是适用于一切国际关系的基本原则，具有现代国际法基本原则的构成要素。

一、民族独立原则

（一）民族独立和自决是马克思恩格斯一贯坚持的外交原则

民族独立意味着一个民族、国家独立自主地处理自己的内外部事务而不受他国干涉和制约，是马克思恩格斯针对当时普遍存在的民族压迫与民族奴役而提出的。

马克思指出，民族独立不仅是国际合作的基础，也是世界和平的重要保障。[②] 因为不恢复每个民族的独立和统一，就既不可能有

① 本文是2016年度北京市社会科学基金一般项目《马克思恩格斯列宁论外交》（项目号16KDB016）阶段性成果。

② 蔺运珍：《论马克思恩格斯的国际交往原则》，《山东教育学院学报》，2008年1月，第70—72页。

无产阶级的国际联合，也不可能有各民族为达到共同目的而必须实行的和睦的与自觉的合作。[①] 要保障国际和平，首先就必须消除一切可以避免的民族摩擦，每个民族都必须获得独立，在自己家里当家作主。[②]

恩格斯在《1847年11月29日在伦敦举行的纪念1830年波兰起义十七周年国际大会上的演说》中有如下表述："任何民族在它还在压迫别的民族时，不能成为自由的民族。因此，不把波兰从德国人的压迫下解放出来，德国就不可能获得解放。波兰和德国之所以有着共同的利益，波兰的和德国的民主主义者之所以能够为解放两个民族而共同努力，原因就在于此。"[③]

此外，对德法两国关系的论述也表明了马克思和恩格斯对国际正义的坚持。"给法国以光荣的和平并承认法兰西共和国"。[④] "让阿尔萨斯—洛林的居民有可能自己决定自己的命运——或者重新并入法国，或者留在德国，或者并入瑞士，或者成为独立的国家"。[⑤] 马克思恩格斯用超越狭隘的民族主义的眼光来看待普法战争，表达了支持法兰西以及其他相关民族独立的坚定立场，也表明了对于德意志统一事业的坚定支持。

马克思、恩格斯无情抨击沙皇俄国对其他民族的血腥压迫，表明对民族独立原则的肯定，"沙皇政府每次掠夺领土，使用暴力，进行压迫，都是拿开明、自由主义、解放各族人民作幌子"。[⑥] 当英国社会主义者对于其他民族的自决权表示尊重时，马克思恩格斯

① 马克思、恩格斯：《共产党宣言》（1893年意大利文版序言），《马克思恩格斯选集》第22卷，北京：人民出版社，1965年版，第430页。

② 《马克思恩格斯全集》第21卷，北京：人民出版社，1965年版，第163页。

③ 恩格斯：《1847年11月29日在伦敦举行的纪念1830年波兰起义十七周年国际大会上的演说》，《马克思恩格斯全集》第4卷，北京：人民出版社，1965年版，第410—411页。

④ 马克思：《国际工人协会总委员会关于普法战争的第二篇宣言》，《马克思恩格斯选集》第3卷，北京：人民出版社，1995年版，第28页。

⑤ 《马克思恩格斯全集》第22卷，北京：人民出版社，1965年版，第634页。

⑥ 《马克思恩格斯全集》第22卷，北京：人民出版社，1982年版，第26页。

也表达了赞同。马克思和恩格斯还充分表明了对中印人民为了自身的民族独立和解放所做斗争的肯定态度，“这是保卫社稷和家园的战争，这是保存中华民族的人民战争”。[①]

(二)各民族的独立自主是无产阶级国际合作的前提条件

马克思和恩格斯认为，随着生产力的不断发展，已成为桎梏的旧的交往形式必将被适应于比较发达的生产力，因而也适应于被更进步的个人自主活动方式的新的交往形式所代替；新的交往形式又会成为桎梏，然后又为别的交往形式所代替。各民族之间不可能像以往那样闭关自守，而必须与世界上其他民族进行日益密切的联系和交往。虽然工人阶级最后必将消除民族、国家间的隔阂，形成世界性的大联合，但这需要一个长久的发展阶段，在当时形势的制约下，无产阶级必须首先上升为民族的阶级，保持各民族的独立性，从而为以后工人运动的发展创造先决条件。

马克思和恩格斯把民族独立作为无产阶级解放和进行国际合作的前提。因为只有全世界无产阶级联合起来，才能争取自己的解放,而无产阶级跨国联合是以各民族国家的独立为条件的，失去了民族独立的联合,其实质只能是强权民族和国家的无产阶级对弱势民族和国家的无产阶级的压迫与奴役,无产阶级作为一个阶级的真正自由无从谈起。[②] 同时，“凡是民族作为民族所做的事情，都是他们为人类社会而做的事情，他们的全部价值仅仅在于：每个民族都为其他民族完成了人类从中经历的自己发展的一个主要的使命(主要的方面)”。[③]

马克思、恩格斯指出，只要私有制存在，就不可能真正存在民族独立，要实现民族独立必须要消灭人对人的剥削，消灭私有制。

---

① 《马克思恩格斯选集》第1卷，北京：人民出版社，1995年版，第710页。

② 蔺运珍:《论马克思恩格斯的国际交往原则》,《山东教育学院学报》,2008年1月，第70—72页。

③ 马克思:《评弗里德里希·李斯特的著作〈政治经济学的国民体系〉》,《马克思恩格斯全集》第42卷，北京：人民出版社，1965年版，第256—257页。

《共产党宣言》中提到:“人对人的剥削一消灭，民族对民族的剥削就会随之而消灭。民族内部的阶级对抗一消失，民族之间的敌对关系就会随之消失。”①

二、和平共处原则

(一)和平思想及和平共处原则

和平思想的基础是各民族一律平等。各民族和平共处应当遵守道德和正义原则。《神圣家族》中，马克思和恩格斯明确强调了各民族一律平等的思想。他们认为，各民族没有优劣之分，每个民族都有其优秀之处，也有其自身的缺点，而且民族也是随着社会的发展而不断变化的。“古往今来每个民族都在某些方面优越于其他民族。……任何一个民族都永远不会优越于其他民族。”马克思在《国际工人协会成立宣言》中表明:“努力做到使私人关系间应该遵守的那种简单的道德和正义的准则，成为各民族之间的关系中的至高无上的准则。为这样一种对外政策而进行的斗争，是争取工人阶级解放的总斗争的一部分。”②

马克思、恩格斯是坚定的和平主义者，他们对资产阶级的伪善本质进行了深入的剖析，抨击了发动战争的国家，并且表达了对国际正义的坚定信念——谁也不能奴役一个民族而不受惩罚。

马克思和恩格斯明确表达了对波兰人民遭受战争痛苦的同情:“只要我们还在帮助压迫波兰，只要我们还把波兰的一部分拴在德国身上，我们自己就仍然要受俄国和俄国政策的束缚，我们在国内就不能彻底摆脱宗法封建的专制政体。建立民主的波兰是建立民主

① 马克思、恩格斯:《共产党宣言》,《马克思恩格斯全集》第4卷，北京:人民出版社,1965年版，第487—488页。

② 马克思:《国际工人协会成立宣言》,《马克思恩格斯全集》第21卷，北京:人民出版社,2003年版，第15页。

德国的首要条件。”[①] 马克思和恩格斯摆脱狭隘的民族偏见的束缚，披露了资产阶级国家对国际和平的肆意破坏，描述了只有无产阶级掌权才能保障国家间的永久和平。“德国将来自由的程度要看它给予毗邻民族的自由的多少而定。但是，德国中间阶层和工人阶级的广大群众了解或者至少感觉到，毗邻民族的自由是他们本身自由的保障。”[②] 除此之外，他们还无情批判了沙皇俄国和大英帝国的侵略行径，指责其对别国民族的压迫，对战争的推波助澜。“沙皇政府经常‘利用其他强国的互相矛盾的利益和贪欲来达到自己的目的，唆使这些强国互相倾轧，从它们的敌对关系中坐收渔利，以便推行俄国的侵略政策’”。[③]“任何一个社会主义者，不论他属于哪个民族，都不会希望现在的德国政府取得军事胜利，也不会希望法国资产阶级共和国取得胜利，尤其不会希望沙皇取得胜利，因为沙皇取得胜利就等于欧洲被奴役。因此，各国的社会主义者都拥护和平”。[④] 马克思恩格斯还明确表达了对于中印人民为求取和平而奋起反抗侵略者的斗争的道义支持：“这场极端不义的战争就是根据上面简单叙述的理由而进行的——现在向英国人民提出的官方报告完全证实了这种叙述。广州城的无辜居民和安居乐业的商人惨遭屠杀，他们的住宅被炮火夷为平地，人权横遭侵犯，这一切都是在‘中国人的挑衅行为危及英国人的生命和财产’这种荒唐的借口下发生的！”[⑤]

（二）民族独立是实现和平共处的前提

和平共处的前提是解除民族奴役，实现民族独立。马克思和恩

---

① 恩格斯：《法兰克福关于波兰问题的辩论》，《马克思恩格斯全集》第5卷，北京：人民出版社，1965年版，第391页。

② 恩格斯：《德国的对外政策》，《马克思恩格斯全集》第5卷，北京：人民出版社，1965年版，第177—179页。

③ 《马克思恩格斯全集》第22卷，北京：人民出版社，1965年版，第19页。

④ 《马克思恩格斯全集》第22卷，北京：人民出版社，1965年版，第298页。

⑤ 马克思：《英人在华的残暴行动》，《马克思恩格斯全集》第12卷，北京：人民出版社，1965年版，第177页。

格斯认为，“资产阶级政府的对外政策是‘为追求罪恶目的而利用民族偏见并在掠夺战争中洒流人民鲜血和浪费人民财富的对外政策’”。[①]“自古以来，一切统治者及其外交家玩弄手腕和进行活动的目的可以归结为一点：为了延长专制政权的寿命，唆使各民族互相残杀，利用一个民族压迫另一个民族”。[②]因此，要想实现真正的国际和平，就必须先实现各民族的独立，解除各国资产阶级对其他民族的压迫和奴役。

无产阶级对于和平共处有着内在的要求。马克思在《国际工人协会总委员会关于普法战争的第一篇宣言》中对法德两国工人反对战争、友好交往的行为进行了热情赞颂，认为法德两国工人的团结协作是道德与正义原则的体现，无产阶级在国际交往中注重道德、维护正义，按照公认的国际法原则来处理与其他国家的关系，反对强国的侵略扩张以及不同形式的霸权主义和强权政治的做法，将促进国际关系的健康发展与世界和平的逐步实现。只有社会主义制度才能使人类摆脱战争的阴霾，实现永久的和平，阶级矛盾和阶级斗争终将何去何从？唯一的出路是随着阶级的消失而消失，但凡有利益不同的阶级存在，阶级间的战争之火就不会完全熄灭。

马克思和恩格斯对可能发生的战争的毁灭性后果进行了预测，并指出战争将会对无产阶级的革命成果和革命运动造成不可预估的破坏。“如果战争一直打到底而没有发生内部动乱，那就会有欧洲200年未发生过的衰竭”。[③]“我们现在到处都在顺利前进，世界大战现在对我们来说是不合时宜的——太晚或太早”。[④]“战争最初将在全欧洲范围内迫使我们的运动后退，在许多国家中甚至将把它彻底摧毁，并煽起沙文主义和民族仇恨”。[⑤]

---

① 《马克思恩格斯选集》第2卷，北京：人民出版社，1995年版，第607页。

② 《马克思恩格斯全集》第5卷，北京：人民出版社，1958年版，第177页。

③ 《马克思恩格斯全集》第37卷，北京：人民出版社，1971年版，第11页。

④ 《马克思恩格斯全集》第36卷，北京：人民出版社，1975年版，第392页。

⑤ 同上书，第514—515页。

马克思和恩格斯还提出了实现和平的具体措施——裁军，并号召无产阶级利用资产阶级国家发生战争的机会夺取政权，从而实现真正的永久和平。“裁军，从而保障和平，是可能的，它甚至是比较容易实现的”。[①] 各国无产阶级应当通过发动本国的人民群众来壮大革命力量，通过和平手段或者武装斗争夺取政权，推翻本国资产阶级的统治和压迫，从而为建立共产主义的新社会，实现真正的世界和平开辟道路。

三、国际合作原则

（一）各民族国家间的合作与无产阶级的国际合作之间的关系

马克思和恩格斯通过详细论述当时各国的斗争形势，阐述了各民族国家间的合作与无产阶级的国际合作之间的关系，提出了各国无产阶级最终要实现的伟大目标：推翻资产阶级统治，建立共产主义社会。

马克思和恩格斯首先肯定了波兰在无产阶级革命运动中举足轻重的作用，这点在《支持波兰》中有着充分的体现：“欧洲的工人政党同波兰的解放是休戚相关的，国际工人协会的第一个纲领就说恢复波兰是工人政策的目的之一。是什么原因使工人政党这样特别同情波兰的命运呢？工人政党同情波兰的主要原因是：不仅在斯拉夫民族中，而且在欧洲民族中，波兰都是唯一的一个过去和现在都一直以全世界的革命战士身份进行战斗的民族。德国工人政党知道，波兰的农民、工人，一句话，每一个没有被本阶层的利益弄瞎眼睛的波兰人，一定了解：波兰在欧洲只有而且只能有一个同盟者——

① 《马克思恩格斯全集》第22卷，北京：人民出版社，1965年版，第437页。

工人政党。”[①] 恩格斯在《在1863年波兰起义纪念会上的演说》中提到：“波兰确实不同于任何其他国家。从革命的观点来看，这是欧洲大厦的基石，因为革命势力或反动势力谁能在波兰站稳脚跟，谁就能在整个欧洲取得彻底胜利。”[②] 1863年的波兰起义曾引起英法工人对本国政府的国际暴行一致表示抗议并成为在波兰流亡者参与下创立的起点。

马克思、恩格斯通过对俄国革命形势的分析，论述了社会主义有可能在一个或几个特殊性质的国家中发展起来的情况，并表明这将促进其他国家共产主义运动的发展。在《共产党宣言》（1882年俄文版序言）中有如下表述：“假如俄国革命将成为西方无产阶级革命的信号而双方互相补充的话，那么现今的俄国土地公共所有制便能成为共产主义发展的起点。”[③] 马克思和恩格斯预测：“俄国的革命一定会使欧洲的一切反动势力失去它的最有力的堡垒，失去它的强大的后备军，从而也一定会给西方的政治运动一个新的有力的推动，并且为它创造无比顺利的斗争条件。”[④]

另外，马克思和恩格斯指出英法两国由于国内矛盾对立尖锐，是无产阶级斗争有可能最先取得胜利的两个国家，并指出德国不应囿于民族偏见，而应当肩负起民族团结合作的责任。“英国是一个无产阶级和资产阶级之间对立最为尖锐的国家。因此，英国无产阶级对英国资产阶级的胜利对一切被压迫者战胜他们的压迫者具有决定意义”。[⑤] “无产阶级对资产阶级的胜利同时就是一切被压迫民族获得解放的信号，应该在英国解放波兰，而不是在波兰解放波

① 恩格斯：《支持波兰》，《马克思恩格斯全集》第18卷，北京：人民出版社，1965年版，第630—631页。

② 恩格斯：《在1863年波兰起义纪念会上的演说》，《马克思恩格斯全集》第19卷，北京：人民出版社，1965年版，第39—40页。

③ 马克思、恩格斯：《共产党宣言》（1882年俄文版序言），《马克思恩格斯选集》第19卷，北京：人民出版社，1965年版，第326页。

④ 《马克思恩格斯全集》第22卷，北京：人民出版社，1965年版，第506页。

⑤ 《马克思恩格斯全集》第4卷，北京：人民出版社，1956年版，第410页。

兰。[①]“因此，打倒法国资产阶级，争取法国工人阶级的胜利，争取整个工人阶级的解放，——这就是欧洲解放的口号。因此，欧洲的解放——不管是各被压迫民族争得独立，还是封建专制政体被推翻，都取决于法国工人阶级的胜利的起义”。[②]

（二）各民族进行国际合作的客观现实要求及条件

马克思、恩格斯论述了世界各民族进行国际合作的客观现实要求以及条件：“过去那种地方的和民族的闭关自守和自给自足状态已经消逝，现在代之而起的已经是各个民族各方面互相往来和各方面互相依赖了。物质的生产如此，精神的生产也是如此。各个民族的精神活动的成果已经成为共同享受的东西。民族的片面性和狭隘性已日益不可能存在。”[③] 类似于当生产力发展时，在一个民族的内部个人在生产中相互影响从而产生共同利益，进一步推动政治的联合，世界上的各个民族在世界性的生产和交往中逐渐产生了共同利益，这种共同利益作为一种内在驱动力，将不可避免地促使各民族国家在社会发展的各个层面进行不同程度的协调与联合、交往与合作。

只有无产阶级才是真正的兄弟友爱，才能实现真正的兄弟友爱。资产阶级的本质是贪婪狡诈和伪善，各国无产阶级应当联合起来进行斗争。恩格斯在《在伦敦举行的各民族庆祝大会》中提到：“真正的无产阶级政党现在正在各地提倡各民族的兄弟友爱，用以对抗旧的赤裸裸的民族利己主义和自由贸易的伪善的自私自利的世界主义；这种兄弟友爱比德国的一切‘真正社会主义’的理论都要宝贵得多。……全世界的无产者有共同的利益，有共同的敌人，面

① 《马克思恩格斯全集》第42卷，北京：人民出版社，1979年版，第287—288页。

② 马克思：《革命运动》，《马克思恩格斯全集》第6卷，北京：人民出版社，1965年版，第173—175页。

③ 马克思、恩格斯：《共产党宣言》，《马克思恩格斯全集》第4卷，北京：人民出版社，1965年版，第470页。

临着同样的斗争，所有的无产者生来就没有民族的偏见，所有他们的修养和举动实质上都是人道主义的和反民族主义的。只有无产者才能够消灭各民族的隔离状态，只有觉醒的无产阶级才能够建立各民族的兄弟友爱。”[①]“既然各国工人的状况是相同的，既然他们的利益是相同的，他们又有同样的敌人，那么他们就应当共同战斗，就应当以各民族的工人兄弟联盟来对抗各民族的资产阶级兄弟联盟”。[②] 利益的一致性决定了所有国家的无产阶级任务的一致性，即反对共同的资产阶级剥削与压迫。共同利益基础上的共同任务的完成，必然对无产阶级的国际联合和民族团结有着根本性质的要求。“联合的努力，至少是各文明国家的联合的努力，是无产阶级获得解放的首要条件之一。人对人的剥削一消灭，民族对民族的剥削就会随之而消灭。民族内部的阶级对抗一消失，民族之间的敌对关系就会随之消失”。[③]

（三）国际合作的基本原则

马克思和恩格斯还强调了进行国际合作必须坚持的基本原则：民族平等和民族独立原则，国际主义原则。

1．民族平等和民族独立原则

马克思恩格斯一贯主张民族平等、民族团结和民族合作，并把它列为无产阶革命斗争取得最终胜利的基本条件之一。恩格斯在1894年1月3日在给保·拉法格的信中尖锐地批评了法国的民族沙文主义倾向。他强调指出：国际联合只能是各民族平等、自愿、协商的结果，而不能由一个国家或民族说了算。恩格斯还曾指出：“任

① 恩格斯：《在伦敦举行的各民族庆祝大会》，《马克思恩格斯全集》第2卷，北京：人民出版社，1965年版，第662—663页，第665—666页。

② 恩格斯：《1847年11月29日在伦敦举行的纪念1830年波兰起义十七周年国际大会上的演说》，《马克思恩格斯全集》第4卷，北京：人民出版社，1965年版，第409—410页，第411—412页。

③ 《共产党宣言》，《马克思恩格斯全集》第4卷，北京：人民出版社，1965年版，第487—488页。

何东西，甚至是强加于人的善行，都不能补偿民族独立的丧失。”①

2. 国际主义原则

各民族之间的国际合作，需要通过已经获得民族独立的无产阶级帮助被压迫民族的无产阶级来实现。“从中世纪末期以来，历史就在促使欧洲形成为各个大的民族国家。只有这样的国家，才是欧洲占统治地位的资产阶级的正常政治组织，同时也是建立各民族协调的国际合作的必要先决条件”。② 无产阶级间只有加强合作，共同联合起来反对压迫民族和统治阶级，从而获得民族独立，才能更好地发展本民族的经济和文化。

四、马克思恩格斯外交思想基本原则的相互关系和启示

弱小国家遭受的剥削与奴役以及欧洲列强之间的秘密外交和背信弃义，促使马克思恩格斯扬起正义之剑，对不公平的国际秩序加以批判，并提出了一系列国际交往原则。

民族独立、和平共处和国际合作的外交原则是相辅相成的。其一，国际合作应以独立自主为前提。因为“不恢复每个民族的独立和统一，那就既不可能有无产阶级的国际联合，也不可能有各民族为达到共同目的而必须实行的和睦的和自觉的合作”。③ 马克思和恩格斯在呼吁无产阶级加强国际合作的同时，并不否认各国工人阶级的独立性。相反，他们认为确保各方内部事务的独立自主是成功进行国际合作的前提。其二，只有无产阶级间才有真正的兄弟 友爱，因为各国的资产阶级虽然彼此间存在着利益的矛盾冲突，但总

① 《马克思恩格斯全集》第5卷，北京：人民出版社，1958年版，第377页。

② 《马克思恩格斯全集》第21卷，北京：人民出版社，1965年版，第463页。

③ 马克思、恩格斯:《共产党宣言》(1893年意大利文版序言),《马克思恩格斯选集》第22卷，北京：人民出版社，1965年版，第430页。

是联合起来压迫各国的无产阶级，因此，只有当各国无产阶级间先实现和平共处，才能够进行国际合作，联合起来推翻各国资产阶级的压迫，从而实现真正的世界和平。

马克思恩格斯的外交思想在当代中国依然有着深刻的借鉴意义。当今世界格局复杂多变，全球化和区域化并存，整体和平伴随着局域冲突，因此我们应当牢牢遵循马恩外交思想中的原则性，始终保持国家主权不受侵犯，保证在国际事务中的独立自主性，并秉持和平友好的姿态与世界各国进行交往，同时进一步加强和无产阶级国家的合作，在保持对外开放的同时把握住无产阶级对外交往的原则，从而立于不败之地。

北极治理的困境与协同治理路径探析[①]

国际关系研究所　卢　静

北极治理早已有之。北极地区的原住民为管理他们的栖息地并适应不断变化的环境，一直进行着北极治理的实践，而北极国家[②]也很早就制定了一些有利于相互合作的“软法”规制。[③] 1920年，为解决北极地区的斯瓦尔巴德群岛的主权争端，由英国、美国、丹麦、挪威等18个国家签订的《斯瓦尔巴德条约》，[④]可以说是北极地区的第一个政府间国际条约，标志着全球性北极治理的开始。冷战结束后，国际形势的变化推动了北极治理的大发展。一方面，东西方关系的缓和使北极地区从“对峙前沿”向“合作之地”转变，为北极地区的合作治理提供了历史性机遇；另一方面，“全球化、市场经济国际化、自然资源的全球性开发”，使得“日益‘敞开’

① 本研究受中央高校基本业务费中期国际研究项目资助。全文发表在《国际问题研究》，2016年第5期。

② 环北极国家，指的是其领土自然延伸到北极地区以内并且环绕北冰洋的国家，有俄罗斯、加拿大、丹麦（格陵兰）、美国、挪威、冰岛、瑞典和芬兰八国。这八国也被统称为政治地理意义上的“北极国家”（或“北极八国”）。其北冰洋沿岸五国——俄罗斯、加拿大、丹麦、美国和挪威，争相对北极提出领土主张。

③ 所谓“软法”指的是“一套不是建立在正式条约基础上的政府间治理体系”，它“允许国家和非国家行为体关注共同问题，承担自愿的或政治的义务，而不对参与的行为体产生法律约束力”。

④ 《斯瓦尔巴德条约》（又称《斯匹次卑尔根条约》）规定，斯瓦尔巴德群岛属非军事区，其主权归属挪威但其他签约国公民在遵守挪威相关法律的基础上可以进入该岛进行经济活动。1925年，中国、苏联、德国、芬兰、西班牙等33个国家也加入了该条约，成为《斯瓦尔巴德条约》协约国。

的北极被人们看成是自然资源的宝库”，[①] 特别是近年来全球气候变暖大幅提升了北极资源的可利用性，北极的经济和战略价值不但越来越受到北极国家的高度重视，也引来世界的关注，而北极气候变化、生态环境保护等非传统安全问题日益突出也使北极问题更加“全球化”。[②]

一、北极治理的现状及其困境

目前，北极治理取得的进展主要体现在以下方面。第一，治理内容广泛。几乎涵盖了北极地区事务的各个方面，既有自然资源开发、生态环境保护、航行权利，也有科学考察、土著人权利保护等诸多领域。第二，参与主体多元。包括了超国家、国家和次国家层面的政府、企业和社会领域的多元行为体，既有北极域内也有北极域外的国家和非国家行为体。第三，治理制度多样。在管辖范围上，既有全球性普遍适用的制度，也有针对北极区域的特定制度，还有相关国家间的双边安排以及个别行为体的单方面规定；在性质上，既有如国际公约这样的硬法规制，也有宣言、指南等软法规制。在机制化程度上，既有论坛性的松散机制，也有像北极理事会这样的组织化机制。第四，治理模式多种。既有针对斯瓦尔巴德群岛的“主权归挪、共同开发”的斯瓦尔巴德模式，也有北极理事会的“外部排他、内部协商”的治理模式，还有北极圈论坛的“开放参与、官民结合”的治理模式等。同时，国际社会在北极治理模式的探讨中还提出了一些颇具代表性的方案，如“南极模式”“北极

① 孙凯、郭培清：《通过制度实现国际事务的治理——专访奥兰·扬教授》，《世界环境》，2011年第6期，第28—29页。

② Shiloh Rainwater, “International Law and the ‘Globalization’ of the Arctic: Assessing the Rights of Non-Arctic States in the High North,” *Emory of International Law Review,* Vol.30, Issue 1, 2015, p.116.

制度综合体模式”和非正式协商机制、“海洋法公约模式”等。[①]

尽管如此，北极治理仍呈现出无体系性与“碎片化”的特征，从而影响到北极制度的有效性。首先，北极治理在长期历史发展中，形成了一种“应对具体问题”的“分而治之”的治理模式，[②]在制度体系上体现为一种无序的制度复合体（institutional complex）或者制度安排集合体（collection of institutional arrangements）。这些制度虽然适用于相同区域，却没有经过精心设计，相互间融合不够，因此也就没有形成统一的治理体系。[③]其次，北极治理的不同主体坚持不同甚至冲突性的治理规范。有的认为北极问题属于国家辖区而奉行国家主权原则，有的则认为北极属于全球公域而坚持世界共有共享规范，差异性治理规范的存在使得各治理主体间难以进行有效的国际协商与合作。再次，北极治理的个别议题领域还存在着制度“空隙”。以北极渔业治理为例，虽然临近北极的渔业管理组织，如东北大西洋渔业委员会、西北大西洋渔业组织、北太平洋渔业委员会等，都对北极区域边缘的渔业行为做出规范与治理，但因缺少对北冰洋渔业的专门规划，导致这一领域制度的“空隙”。[④]最后，相同议题的不同规制间甚至存在冲突性的治理目标。比如在北极海洋生物保护问题上，北极理事会的北极动植物保育工作组的首要目标是保护野生动物，而北大西洋哺乳动物委员会主要目标是关注那些消费海洋哺乳动物者的福利。[⑤]

---

① 郭培清、卢瑶：《北极治理模式的国际探讨及北极治理实践的新发展》，《国际观察》，2015年第5期，第57—64页。

② 孙凯、郭培清：《北极治理机制变迁及中国的参与战略研究》，《世界经济与政治论坛》，2012年第2期，第123页。

③ Oran R.Young, “Arctic Governance: Preparing for the Next Phase”, Presented at the Arctic Parliamentary Conference, Tromsø, August 11-13 2002, p.5, http://119.90.25.36/www.arcticparl.org/files/static/conf5_scpar2002.pdf.，2016年6月16日登录。

④ Dr Rob Huebert, Brooks B. Yeager, *A New Sea*, WWF Report. Oslo: WWF International Arctic Programme, 2008.pp.23-24.

⑤ Oran R.Young, “Arctic Governance: Preparing for the Next Phase”, Presented at the Arctic Parliamentary Conference, Tromsø, August 11-13 2002, p.7.

与此同时，气候变暖导致北极地区经济和战略价值被“重新发现”，使得北极争夺愈演愈烈。近年来，围绕着北极地区海域划界、资源开发、航道使用和军事安全等的国际争端不断出现。其中最突出的是，北极国家在北冰洋海域的划界争端和随之产生的自然资源开发争夺。2007年8月发生的俄联邦议员“北冰洋底插旗行动”加剧了北极主权争夺。还有北极航道争端。随着全球气候变暖和北极海冰的消融，北极地区原本受制于冰冻环境而无法开通的两条重要航道——加拿大沿岸的西北航道与西伯利亚沿岸的东北航道有望开通。这两条航道一旦开通，不仅可大幅节约运输成本，还将形成一个涵盖俄罗斯、北美、欧洲、东亚的环北极经济圈。这将对世界经济、贸易和地缘政治格局产生深远影响。作为航道沿岸国的加拿大和俄罗斯与美国、欧洲等其他国家和地区由于对北极航道法律地位的认定存在差异，双方有关航道使用的争端不断。此外，北极军事争夺也呈愈演愈烈之势。

北极争夺的加剧，既给北极治理带来严峻挑战，也使得实行有效的北极治理显得更加必要和紧迫，而要寻求有效的北极治理路径，需要探究北极治理困境产生的根源。

二、北极治理困境的根源

北极治理的困境有着深刻的法律和地缘政治的根源。第一，北极法律地位的不确定性，导致北极治理规范的不统一和治理机制间的不协调。第二，国际法在北极适用中的模糊性，一方面使得相关国家在引用《联合国海洋法公约》（以下简称《公约》）规定时由于不同的解读而产生争端和冲突，另一方面也造成北极治理中“硬法”缺失，削弱了国际多边治理制度的效能。第三，地缘政治因素的影响，加剧了北极地区权力与利益的国际争夺，对北极治理形成巨大挑战。

（一）北极法律地位的不确定性

北极地区地理环境特殊，由北冰洋以及周边陆地组成，其主体为北冰洋海域，洋面绝大部分常年冰雪覆盖。关于常年冰雪覆盖的北冰洋海域是被视为陆地还是海洋，自古就存在法律上的不确定性。周边陆地包括了北冰洋中的岛屿和亚欧大陆与北美大陆延伸至北极圈内的陆地。在漫长的历史发展中，虽然环北冰洋国家陆续建立了各自在北极地区的行政管辖权，但人们对北极地区法律地位却存在不同的认知。

一种观点主张对北极实行国家主权管辖。早在1907年一位加拿大参议员就以“扇形原则”（Sector Principle）提出北极主权诉求。1916年，沙俄正式宣布以“扇形原则”拥有北极地区，成为世界上第一个以扇形原则主张北极主权的国家。即便在苏联解体后，俄罗斯也仍然以“扇形原则”主张对北极地区的控制权。但是，“扇形原则”并没有得到国际社会的普遍接受，其原因之一是国际法学界对在流动漂移的北极海冰之上是否可能产生国际海洋法规制边界之外的法律权利有不同认识;其二是美国、丹麦、芬兰和挪威等环北冰洋国家以该原则不公而表示反对。此外，还有世界其他国家也表示不满，“扇形原则”从而被抛弃，北极归属成为国际法的空白。但是，北极国家对北极主权的争夺和宣示一直没有停息。

另一种观点认为北极是各国共有共享的“全球公域”。北极地区的主体为北冰洋海域，《公约》作为全球“海洋宪章”，应是规定北极地区法律地位的重要依据。因此，环北冰洋国家享有基于《公约》的海洋权利，对岛屿和领海享有主权，对专属经济区和大陆架享有主权权利（斯瓦尔巴德群岛例外），除此之外的领域为自由航行的公海和属于“全人类的共同财产”的“国际海底区域”。[①] 鉴于至今没有科学证据表明任何一个国家的大陆架延伸至北极点，因此，北极点及其附近海域应该是全球公域。加上，近年来北极日益突出的非传统安全问题，也反映出共治北极的需要。尤其是，北极气候变化一方面使得该区域的冰层冰川融化、冻土层解冻，直接导致生物栖息环境、生物数量、生物迁移种类的变化，[②] 另一方面还会加剧全球温室效应。所以，北极气候及其引发的生态环境保护问题是一项全球性任务。而对北极地区的气象、冰川、地质、海洋、生物等科考工作也是造福全人类的事业。因此，国际社会中有更多声音主张北极地区是各国共有共享的全球公域。

北极地区到底是北极国家的管辖领地，还是“全人类共同财产”的全球公域？由于现行国际法没有给出明确答案，使得北极治理面临法理上的困境，也在某种程度上导致北极治理制度的“碎片化”，以及治理主体责任和权利的不明确，由此产生纷争。

（二）国际法北极适用的模糊性

《公约》作为处理全球海洋事务的基本法律框架，也是治理北极的基本国际法。但是，《公约》作为一个普遍适用于全球海洋事务的国际法，其对普遍适用性的要求使其个别条文和措辞必然存在弹性和模糊性，这使得相关国家通常根据各自对条文和用语的理解，给出最符合自身利益的解释，不可避免地引发争端乃至冲突。

其中最突出的是海域划界问题。《公约》规定，沿海国家在大陆架拥有一定的管辖权。关于大陆架的范围，《公约》第76条规定，

---

① 根据《公约》第136条和第137条，“区域”（国家管辖范围以外的海床和洋底及其底土）及其资源是人类的共同继承财产。任何国家不应对“区域”的任何部分或其资源主张或行使主权或主权权利，任何国家或自然人或法人，也不应将“区域”或其资源的任何部分据为己有。任何这种主权和主权权利的主张或行使，或这种据为己有的行为，均应不予承认。对“区域”内资源的一切权利属于全人类，由管理局（国际海底管理局）代表全人类行使。这种资源不得让渡。但从“区域”内回收的矿物，只可按照本部分和管理局的规则、规章和程序予以让渡。

② Arctic Climate Change Impact Assessment, "Chapter 10 Principles Conserving the Arctic's Biodiversity", p.540, http://www.acia.uaf.edu/PDFs/ACIA_Science_Chapters_Final/ACIA_Ch10_Final.pdf., 2016年6月16日登录。

"从测算领海宽度的基线量起到大陆边的外缘的距离不到200海里，则扩展到200海里的距离"，至于200海里以外的，若沿海国有足够资料证明这一范围也是一国陆上领土的自然延伸，其范围"不应超过从测算领海宽度的基线量起350海里，或不应超过连接2500公尺深度各点的2500公尺等深线100海里"。然而，由于北极地区恶劣的自然环境、复杂的地理地质构成以及各国技术水平的差异，北冰洋沿岸国家难以提供足够证据来证明其200海里外大陆架范围。而确定在北极地区的200海里外大陆架范围直接关系到这些国家是否享有进行北极资源开发等权益。因此，近年来俄罗斯、挪威、丹麦和冰岛等国都提出了对200海里外大陆架归属管辖权的要求，由于各自的主张存在差异且有较大区域的重合，导致大陆架划界争端不断发生。而大陆架划分直接导致"国际海底区域"范围不明确。北冰洋"国际海底区域"与北极各国对大陆架主张和对北极海洋权益分割呈此消彼长态势。

此外，作为针对北极海域出台的《公约》"冰封区域条款"看似明确，但在适用到北极地区时却显得模糊不清。根据《公约》第234条，在"冰封区域"，"沿海国有权制定和执行非歧视性的法律和规章，以防止、减少和控制船只在专属经济区范围内冰封区域对海洋的污染，这种区域内的特别严寒气候和一年中大部分时候冰封的情形对航行造成障碍或特别危险，而且海洋环境污染可能对生态平衡造成重大的损害或无可挽救的扰乱"。该规定为北极沿海国实施单边环境管辖提供了法律依据，但却产生了法律解释的歧义和实践中的争议：首先是对其适用的地理范围的解释，是仅限于专属经济区还是包含领海；其次是对"冰封区域"的界定，由于气候变暖的现实，使得"特别严寒气候"和"一年中大部分时候冰封"的界定变得模糊和难以操作；最后是实践中要区分沿海国是真正出于环保目的，还是借"环保之名"而行"控制航行之实"，是十分困难的。"冰封区域条款"北极适用中的模糊性也使得北极航道的法律地位认定变得困难，航道争端难以解决。

所以，《公约》在北极适用的局限性，在使北极治理中“硬法”缺失的同时，也导致相关国家更多诉诸国家的双边甚至是单边安排，进而带来纠纷甚至冲突。

（三）地缘政治因素的影响

气候变化使得受冰冻影响而难以进入的北极迅速成为一块淘金热土，随着对北极资源争夺的加剧，北极的地缘价值大幅提高。北极国家尤其是北极大国不断强化其在该地区的军事存在，通过显示军事实力争取在这场地缘争夺中占据优势。

在北极国家中，俄罗斯不但拥有的北极领土领海面积最大，而且其海岸线也最长。冷战时期，北极地区承担着保卫苏联中心地区的屏障作用，成为苏联与美国军事对峙的前沿。冷战结束后，由于北约东扩和西方国家在北极地区不断加强防务和军事存在，并陆续展开军演，加上气候变化使俄罗斯漫长的北冰洋沿岸失去了冰雪的保护，俄罗斯更加重视北极的地缘战略价值。[①] 为此，俄罗斯也不断强化在北极的军事存在。美国作为北极大国，自奥巴马政府执政以来，在战略上更加重视北极，不断通过军事部署和军事演习等方式加强在北极地区的军事存在。加拿大在北极地区面积超过全国国土面积的1/3，这决定了加拿大比其他国家更重视北极。[②] 冷战结束后，加拿大积极倡导在北极地区建立合作机制的同时，也不断强化在北极圈地区的军事存在。北极地区其他国家也纷纷制订北极战略。2006、2008、2010和2011年，瑞典、丹麦、芬兰和挪威政府分别发布了《北极战略》。同时，四国还于2009 年签署了《北欧防务合作备忘录》，共同应对北极地缘政治竞争。甚至连冰岛这个北极地区最弱小的国家，也在北极事务上表现十分

① 钱宗祺:《俄罗斯北极治理的政治经济诉求》,《东北亚学刊》，2014年第3期，第18页。

② 赵雅丹:《加拿大北极政策剖析》,《国际观察》，2012年第1期，第72页。

活跃。[①]

总之，在新的地缘政治环境下，北极国家在北极事务上都在“变得越来越强硬，不断增加军事行动，甚至重启附近的冷战时期的军事基地”，严重恶化了北极地区的政治安全环境。[②]

三、北极协同治理的路径选择

北极治理面临的困境促使人们不断探求更有效的北极治理模式。在此方面，出现了一些有影响力的主张。有的从国际法路径方面，主张建立一个类似《南极条约》的综合性并具有法律约束力的国际法制度，解决北极地区法律地位不确定以及由此引发的争端问题。[③] 有的从强化组织机构功能方面，主张将北极理事会从政策塑造型政府间高层论坛转变为政策决策型组织机构。[④] 有的从加强制度建设方面，主张采取北极机制复合体（Arctic Regime Complex）的方式。[⑤] 有的从改变北极地区权力结构方面，建议在北极地区确立一个新的均势格局。[⑥] 这些主张虽然都不同程度地有利于北极治理，但由于缺乏将北极视为一个有机整体的系统主义考察，因此难以全面有效发挥作用。为此，本文从系统主义的研究视角，提出北

---

① Andris Spruds and Toms Rostoks, *Perceptions and Strategies of Arcticness in Sub-Arctic Europe*, Latvian: Konrad Adenauer Stiftung, 2014, p.81. 转引自赵宁宁、欧开飞：《冰岛与北极治理：战略考量和政策实践》，《欧洲研究》2015年第4期，第116页。

② Ty McCormick, “Arctic Sovereignty: A Short History”, *Foreign Policy*, May 7, 2014,

③ 该主张一度非常有影响力，但2008年北极理事会《伊鲁利萨特宣言》明确声明，“我们认为没有必要再建立一个新的广泛性的国际法律制度来管理北冰洋”，使得该主张失去实践的可能，很多曾经支持该主张的人也逐渐放弃。参见Donald R. Rothwell, “The Arctic in International Affairs: Time for a New Regime?” ANU College of Law Research Paper No.8-37。

④ 郭培清、孙凯：《北极理事会的‘努克标准’和中国的北极参与之路》，《世界经济与政治》，2013年第12期，第129页。

⑤ Oran R. Young，“Arctic Governance: Preparing for the Next Phase”, p.2.

⑥ 克里斯汀·巴滕施泰因（Kristin Bartenstein）：《从全球和区域角度看公共性和北极治理》，《中国海洋法学评论》，2015年卷第1期，第455页。

极协同治理的路径选择。[①]

北极协同治理，就是要通过北极事务中多元治理主体的共同参与，以及不同子系统间的协同，在开放的北极系统中实现共赢和推进整体利益的过程。具体来说，通过推动多元主体共同参与、促进制度间互动、构建协同治理平台和培养共同体价值共识，来实现北极多元协同治理。

第一，推动多元主体共同参与是北极协同治理的前提。北极问题的全球性特征使得域外力量参与北极治理成为一种必然和必须。然而，在现有治理结构中，北极国家特别是北极五国是核心行为体，北极五国一直力求通过“内部合作、外部排外”的双边或多边协议的方式来排斥非北极国家的参与，进而垄断北极事务。与此同时，中、韩、日、英、德、荷兰和爱尔兰等“近北极国家”和有着地区战略利益的欧盟和北约等国际组织，以及高度关注北极气候变化和科考工作的其他非北极国家，都力求进一步参与北极治理。此外，北极地区的原住民组织，还有因专业性高、参与意愿强、行为灵活、立场中立而拥有一定优势的非政府组织，由于其实力无法与国家尤其是大国相抗衡，在北极治理中发挥的作用受到很大限制。而科学家组织和商业航运公司等虽在北极地区有利益诉求，却难以真正成为北极治理的参与方。北极事务的多元复杂性要求相关利益方的共同平等参与。所以，保证各利益方公正合理的利益诉求，推动多元主体的平等参与，保持治理主体间的有效衔接和良性互动，是北极协同治理的前提条件。

第二，促进制度间有效互动是北极协同治理的制度保证。北极治理在一种没有中央权威的无政府状态下进行，治理权力分散在与北极事务密切相关的不同国家或非国家行为体手中，由于缺乏外部

① 本文的“协同治理”，其英文为“Synergetic Governance”，而不是“collaborative governance”，强调的是系统论的视角。协同治理、协作治理等相关概念的辨析，可参见颜桂华、吕炜：“协商治理、协作治理、协同治理和合作治理概念及其关系辨析”，《湘潭大学学报（哲学社会科学版）》2015年第2期，第14—18页。

指令和强制性，使得北极治理成为一种自组织行为。自组织行为关键靠制度，必须依赖各方按照相互默契的某种规则，各尽其责而又协调统一，自动地形成有序结构。目前北极治理虽然有大量制度存在，但因缺乏统一管理和协调而呈现“碎片化”。事实上，北极治理中无论是生态环境、资源开发，还是海洋航行、科学考察，这些议题相互影响、紧密相连，构成一个不可分割的统一体。这就要求将北极视为一个开放系统来协同治理。北极协同治理要求促进不同议题以及不同层面和不同主体间的制度互动，通过制度间竞争与协调，使北极治理成为一个有序的集体行为过程。

第三，发挥北极理事会的协同作用，使之成为北极协同治理的整合平台。北极理事会成为北极治理的协同平台具备一定条件。一是其成员构成涵盖面较广，既有北极和非北极国家，也有原住民组织与非国家政府组织，这有利于相关利益方的协调。二是其管辖议题内容广泛，不仅有生态环境保护还有地区经济、社会和福利的持续发展，近年来理事会也显示出要向加强主权、航道、资源领域合作方向发展的趋势。三是在组织建设方面已取得较大进展，尤其是常设秘书处的建立有利于理事会的稳定性运作和决策，同时有助于其今后产生更多具有法律效力的文件、有效实现其宗旨。四是它作为一个软法制度，“为成员国制定了没有法律约束力义务的行为规范标准”。[①] 但是，北极理事会中权力分配的不均衡，事实上限制了北极理事会功能的发挥。由此，北极理事会要想真正成为北极治理的协同整合平台，需要以开放包容姿态平等接纳各相关利益方，在加强协调、合作和监管的制度功能的同时，也要培育北极共同体观念的形成。

第四，培育共同体道德共识，使之成为北极协同治理的价值基础。确立价值共识是有效治理的前提要求和关键支撑。自古以

① Paula Kankaanpää and Oran R. Young, “The Effectiveness of the Arctic Council” , *Polar Research*, Vol.31, 2012, http://www.polarresearch.net/index.php/polar/article/view/17176. 2016年7月15日登录。

来，北极恶劣的自然环境使得无论当地居民还是因各种原因来到此地的人均切身感受到，只有团结协作、休戚与共才能生存和发展。如今，经济全球化已将北极与全球经济发展紧密联系起来，北极资源开发和航道使用问题不仅直接影响和左右着世界市场和全球经济格局，而且关系到人类的共同利益和可持续发展，而气候变化更是将北极与全球的命运相连。在此情况下，共同体理念理应成为北极治理的价值规范。以共同体理念为指导，公平分配北极治理中的权利与责任，强化责任共同体意识，以责任共同体推动构建利益共同体，进而实现命运共同体的目标。

外交学院学生对中国与世界及中澳关系的认知调查分析

外交学与外事管理系　唐　晓

随着中国在国际上的地位提高和影响力增强，作为中国外交官的摇篮中的学子，外交学院的学生如何认识和看待当今的中国与世界，是外交外事人才培养中一个值得关心的话题；同时，为了促进外交学与外事管理系与澳大利亚邦德大学社会与设计学院的学术交流与合作，增进彼此的相互理解，需要向对方介绍外交学院学生对当前中国与世界及中澳关系的认识和看法。鉴于这两个目的，本人于2015年12月，在外交学院沙河校区2015级政治学、国际政治、外交学、科学社会主义与共产主义运动四个专业的硕士研究生以及部分2014级外交学与外事管理系、英语系、国经系、国法系本科生和二学位生中就中国与世界及中澳关系进行了问卷调查。[①] 现就调查问卷的结果及分析总结如下：

① 此次参加问卷调查的共100名同学，其中硕士研究生47名，本科生、二学位生共53名。在征求学生同意的基础上，在课堂填写调查问卷。发出调查问卷100份，收回调查问卷100份。问卷调查分为中国与世界、中澳关系两部分，采取多项选择栏目和“其他”栏目相结合的问题设计，鼓励学生在答题时就多种选项进行单项或多项选择，还可以在“其他”栏目发表自己的额外意见和看法。所有参加问卷调查的同学都进行了认真仔细的阅读和回答，在此深表感谢。

一、对中国与世界的认知

（一）当前世界秩序、中国的身份地位及中国对世界的影响力

在问及当前世界秩序中最重要的稳定力量是什么？83人次认为是大国关系，39人次指向联合国，其他国际组织和区域性组织依次排后。当前对世界秩序构成最大威胁的力量是什么？75人次认为是恐怖主义，55人次指向宗教极端主义，霸权主义和民族分裂主义依次随后。如何认识中国在世界中的地位？54人次认为中国是世界经济大国，47人次认为是地区性大国，43人次指向世界性大国，只有10人次认为是世界军事大国。中国在世界政治中的影响力体现在何处？88人次认为中国是联合国五常之一，57人次认为体现在中国参加多边区域性组织，48人次认为体现在双边关系，47人次认为体现在中国参加各种国际组织，只有32人次指向和平共处五项原则，28人次认为体现在合作共赢的命运共同体理念。如何认识中国在世界经济中的影响力？85人次认为是中国的经济体量，73人次认为是中国经济的发展速度，71人次指向中国的贸易总量，产业规模和技术水平依次排后。如何认识中国在世界文化中的影响力？62人次认为是中国的传统文化，47人次认为是中国的发展道路，43人次指向语言文化，只有24人次认为是外交政策。2人次认为是中国的美食，也有2人次认为没有什么影响。与其他大国或国家相比，中国对世界的影响力有何特点？63人次认为是强调和平与发展，57人次认为是强调合作共赢，57人次认为是强调和平对话解决争端。如何认识当前中国与世界秩序的关系？71人次认为中国是世界秩序的参加者、维护者和建设者，20人次认为中国是参加者和建设者，11人次认为中国是改造者和建设者，个别认为中国是挑战者。

（二）对大国关系、主要双边关系及多边关系的认识和看法

在回答“在大国双边关系中（如中美、中俄、中德、中英、中法、中印、中日），你认为按其重要性进行排序的结果是？”87人次认为中美关系居于首位，69人次认为中俄关系居次，49人次认为中日关系排第三，中英、中印、中德、中法依次排后。如何认识中美共建“不冲突不对抗，相互尊重，合作共赢”的新型大国关系？35人次认为不确定是否可以实现这个目标，28人次认为不太可能，22人次认为是可以的。如何认识现在中美关系的特点？65人次认为是合作加竞争加局部摩擦，57人次认为是合作与竞争并存，48人次认为是战略不互信，还有22人次认为是说一套做一套。中美友好合作对美国有什么好处？84人次认为有利于全球治理（应对全球性问题与挑战），77人次认为是经济互补，56人次认为有利于地区稳定，只有26人次认为有助于政治互信。有关中俄关系的特点，62人次认为是全面战略协作伙伴关系，[①] 42人次认为是经贸合作关系，38人次认为是潜在战略竞争对手，27人次认为主要是政治结盟关系，只有16人次认为是当今世界最稳定、最健康、最成熟的大国关系。[②] 也有人提出中俄之间的主要问题是地缘利益冲突、领导层友好但民间缺乏交流互信、双方在中亚有竞争和冲突的可能。关于中英关系的特点，85人次认为是经贸合作关系，54人次认为是文化交流与合作，26人次指向全球伙伴关系，只有22人次认为中英关系目前处于最好时期。[③] 还有人认为中英关系目前出于战略调整与契合时期。关于中德关系的特点，79人次认为是经贸

① 《中俄全面战略协作伙伴关系不断迈入新阶段》，人民网，2015年5月4日，http://world.people.com.cn/n/2015/0504/c157278-26941549.html，2017年2月5日登录。

② 《推进中俄全面战略协作伙伴关系进入新阶段》，人民网，2016年3月11日，该文指出：“中俄关系已成为当今世界上最稳定、最健康、最成熟的国家关系典范”，http://ft.people.com.cn/fangtanDetail.do?pid=13690，2017年2月5日登录。

③ 《盘点：中国驻英国大使对中英关系十大精彩论述》，人民网，2015年10月23日，http://world.people.com.cn/n/2015/1023/c1002-27732769.html，2017年2月5日登录。

合作关系，48人次认为是政治互信经济合作文化交流，只有17人次认为是全面战略伙伴关系，[①] 还有人提出中德关系是中欧关系中最稳定的双边关系，是中欧关系的核心，但双方对人权和民主的认识有冲突。关于中法关系的特点，73人次认为是经贸文化合作为主的关系，54人次认为是经贸合作伙伴关系，只有14人次认为是全面战略伙伴关系。[②] 关于中印关系的特点，79人次认为是潜在战略竞争对手，51人次认为是经贸合作关系，20人次认为是战略合作伙伴关系，[③] 20人次认为是文化交流关系，还有人提出是合作与冲突并存、边境冲突摩擦不断。关于中日关系的特点，73人次认为是政冷经热，69人次认为是政治不互信，40人次认为是经贸合作关系，16人次认为是文化交流关系，还有人提出中日关系的主要问题是政冷经冷，民间交流密切但历史问题和领土争端损害两国关系。关于中非关系，59人次认为政治互信经贸合作文化互鉴，58人次认为是经贸合作关系，44人次认为是全面战略合作伙伴关系，[④] 也有人提出中非经济交流多于文化交流，政府交流多于民间交流，互利互惠但中国帮扶特点明显。

（三）对中国走向世界面临的挑战及可能对世界产生的影响的认识

在问及什么是中国走向世界面临的最大挑战时，66人次认为是文化软实力不够，59人次认为是守成大国的强权政治，58人次认为是周边领土争端，47人次认为是中国自身的问题：如腐败问题、

---

① 《中华人民共和国和德意志联邦共和国关于建立中德全方位战略伙伴关系的联合声明》，新华网，2014年3月29日，http://news.xinhuanet.com/world/2014-03/29/c_126330428.htm，2017年2月5日登录。

② 《携手开创中法全面战略伙伴关系新时代》，人民网，2014年3月28日，http://opinion.people.com.cn/n/2014/0328/c1003-24765924.html，2017年2月5日登录。

③ 《中方：愿同印新政府推动中印战略合作伙伴关系迈上新台阶》，国际在线网，2014年5月16日，http://gb.cri.cn/42071/2014/05/16/7551s4544401.htm，2017年2月5日登录。

④ 《习近平提议将中非新型战略伙伴关系提升为全面战略合作伙伴关系》，新华网，2015年12月4日，http://news.xinhuanet.com/world/2015-12/04/c_1117361300.htm，2017年2月5日登录。

贫困问题、法治问题、体制改革问题、地区发展不平衡问题、环境问题、科技创新的竞争力问题、经济可持续发展问题、民族问题、民主与人权的价值观问题、公民全球意识不足、不利的国际舆论环境、周边国家关系问题等。中国影响世界可能带来哪些积极结果？85人次认为是经济合作与发展，81人次认为是地区和全球政治稳定，73人次认为是共同应对全球问题，只有30人次认为是消除贫困。中国影响世界可能带来哪些消极结果？78人次认为是环境污染，54人次认为是资源短缺，21人次认为是引起全球经济不稳定，20人次认为将导致重商主义泛滥，也有的认为将冲击西方传统政治思想，有可能加剧大国矛盾和冲突，导致国际体系不稳定。

二、对澳大利亚及中国与澳大利亚关系的认知

（一）对澳大利亚基本国情的认知

回答澳大利亚国名的英文全称时，69人答对（Commonwealth of Australia），27人答错，4人答不知道。关于澳大利亚的首都和人口，82人次答对（堪培拉，2300多万人口），14人答错，4人不知道。问及澳大利亚的国家元首，76人答对（英国女王），19人答错，5人不知道。关于澳大利亚的政治体制，76人答对（议会内阁制），17人答错，7人不知道。如何定位澳大利亚在世界中的地位？53人次认为是地区大国，41人次认为是美国盟国，39人次认为是次等强国，17人次认为是对中国友好之国，3人次回答不知道。澳大利亚给你印象深刻的是什么？80人次认为是袋鼠，78人次认为是悉尼歌剧院，62人次认为是自然环境，52人次认为是移民，10人次认为是MH370坠机事件，还有人认为是澳大利亚的土著人、考拉、羊毛、澳网公开赛、资源，以及澳大利亚的排华倾向。你了解澳大利亚的大学有哪些？78人次提及悉尼大学，77人次提及墨尔本大学，35人次提及昆士兰大学，21人次提及澳大利亚国立大学，只

有2人次知道邦德大学。也有人提及格里菲斯大学、阿德莱德大学及西澳大学。

（二）对中澳关系的认知

在中澳经贸关系方面，问及澳大利亚主要向中国出口哪些产品时，70人次回答有羊毛，65人次回答知道有铁矿石，28人次回答有铜矿石，12人次知道有煤炭，10人次回答有大麦，8人次知道有氧化铝，还有18人次回答不知道。当问及澳大利亚主要从中国进口哪些产品时，60人次回答是服装，51人次回答是纺织品，48人次认为有箱包玩具，43人次回答有鞋，16人次回答有家电，9人次回答有计算机，还有31人次回答不知道。也有人提及中澳签署了自由贸易协定。在中澳文化交流方面，问及中澳文化交流的主要形式有哪些，70人次知道中国在澳开办了孔子学院，66人次知道中国为澳大利亚最大海外留学来源国，57人次知道双方举办澳大利亚文化年和中国文化年，30人次知道双方签署了《中澳文化合作协定》（1981年），还有13人次表示不了解情况。

（三）了解中澳关系的途径和媒介

当问及是通过哪些途径了解和认识澳大利亚时，83人次认为是通过大众传媒，45人次认为是通过大学课堂，23人次认为是通过朋友圈，22人次认为是通过专业学习，15人次认为是通过旅游，还有2人次提出是通过亲身实习。具体来说，在广播电视媒体类，有44人次认为是通过CCTV新闻节目，10人次认为是通过英国BBC新闻，9人次是通过美国CNN\ABC\VOA广播电视节目，还有少数通过凤凰卫视和旅游卫视节目。在报刊类，有《人民日报》《光明日报》《环球时报》《参考消息》《世界知识》《国际观察》《纽约时报》《Foreign Affairs》《美国国家地理》等。通过校园课程了解的，有“英美国家概况”“英美文学”“中国与亚太关系研究”“外交学概论”“国际关系”等课程。通过文学和学术著作途径了解的有《荆棘鸟》[1]《澳大利亚华侨华人史》[2]《1949年以来的澳中关系：60年贸易与政治》等。[3] 回答者利用比较多的网站有新华网、外交部网站、中国日报网站、腾讯新闻网、凤凰网、彭湃新闻网、新浪网、观察者网、百度网、维基百科网站、澳大利亚官方旅游网站，以及有关的留学网站。其他途径和媒介还包括外交部、中国联合国协会、中国驻澳大利亚使馆、留学机构和朋友圈。

（四）对中澳关系未来发展的期待

由于时间关系，此问题排列最后，100份调查问卷中有36人没有来得及回答此问题，但在其余的64人中，有32人次希望有更多的经贸合作，以经贸关系为基点，加强双方在全球事务范围内的合作。另有30人次希望双方有更多的战略互信，建立互利互惠的新型大国关系。还有30人次希望更多的人文交流。有12人次提出希望两国在亚太地区展开更多的合作，相互尊重国家主权，共同维护区域和平，在南中国海问题上希望澳大利亚作为主权非申索国保持中立，不要介入有关岛屿争端。还有人提出希望澳政府制定更加优惠的移民政策，为留学生提供更多的就业机会。

三、有关此次调查问卷的几点思考

（一）参加问卷调查的同学具有比较广泛的专业知识基础

问卷调查涉及有关世界秩序、中国的国际身份、中国与世界的关系、中国与主要国家的双边关系、澳大利亚的国际身份、中国与澳大利亚的关系等，范围比较广泛，涉及许多知识点和时事热点问

---

① ［澳］麦卡洛：《荆棘鸟》，曾胡译，南京：译林出版社，2009年。

② 张秋生：《澳大利亚华侨华人史》，北京：外语教学与研究出版社，1998年。

③ 王毅：《1949年以来的澳中关系：60年贸易与政治》，喻常森等译，北京：社会科学文献出版社，2014年。

题，学生们都有自己比较准确或合理的判断和想法。

（二）同学们对某些问题有自己的独立思考和判断

其中对中英、中俄、中德、中法、中印等双边关系特点的看法，多数同学的选项与中国政府官方或主流媒体的观点有一定差距。有关中美关系及其走向这样比较复杂和充满不确定性的问题，同学们也有自己的认识和判断，反映出对现实中的中美关系敏感而复杂、充满挑战的担心和忧虑。对中印关系的认识，多达79人次认为印度是中国潜在战略竞争对手，只有20人次认为是战略合作伙伴关系，这令澳大利亚学者感到颇为吃惊。

（三）不少回答显示比较突出的现实主义视角和思维方式

如在回答当前世界秩序中最重要的稳定力量是什么时，83人次认为是大国关系，只有39人次指向联合国。在回答如何认识中国在世界中的地位时，多数认为中国是世界经济大国，其次是地区性大国。又比如在回答如何认识中国在世界经济中的影响力时，大多数（85人次）认为是中国的经济体量。在回答中英、中法、中德关系的特点时，大部分首选是经贸合作关系，其次才是全面战略伙伴关系。在回答什么是中国走向世界面临的最大挑战时，按所选人数多少排序依次是文化软实力不够、守成大国的强权政治、周边领土争端、中国自身的问题。由此可见，学生基于现实的观察和思考比较突出。

（四）某些范围或领域内，媒体对学生的影响比较大

有关澳大利亚国情和中澳关系部分的调查问卷结果显示，83人次认为是通过大众传媒，45人次认为是通过大学课堂了解和认识澳大利亚的。在那些大众传媒中，按所选人数多少排序依次是CCTV新闻节目、英国BBC新闻、美国CNN\ABC\VOA广播、凤凰卫视、旅游卫视节目。在报刊类，则是《人民日报》《光明日报》《环球

时报》《参考消息》《世界知识》《国际观察》《纽约时报》《Foreign Affairs》《美国国家地理》等。在新媒体网站类，则是新华网、外交部网站、中国日报网站、腾讯新闻网、凤凰网、彭湃新闻网、新浪网、观察者网、百度网、维基百科网站、澳大利亚官方旅游网站，以及有关的留学网站。相比之下，可以为学生们提供相关知识和信息的校园课程比较少。

（五）硕士生与本科生之间的差别有待进一步分析和研究

本次问卷调查，本科生和研究生分别进行，结果也分开统计。结果显示，相对于硕士生，本科生和二学位生的问卷回答有以下几个特点：（1）在中国与世界部分，本科生比研究生更注重国际组织、区域性组织在世界秩序中的稳定作用。（2）比较注重经济因素的作用。如关于中国在世界经济中的影响力，本科生更注重贸易和技术因素，看重中美友好有利于经济互补等。（3）本科生更注重和认同中国政府的有关政策和观点，如经济发展与合作、合作共赢、和平对话解决争端等。（4）比较注重文化因素和文化交流。如中国传统文化对世界的影响，中美友好有利于文化互鉴，对澳大利亚主要大学、中澳文化交流和移民有更多的了解和期待，等等。这些或许与我院本科生阶段的课程结构、社会实践和人生阅历等因素有关。这些只是初步分析和猜测，其中更具体和准确的原因，有待进一步深入调查和分析研究。

总之，调查和分析大学生有关中国与世界及中澳关系的认知具有人才培养和对外交流的双重意义。在外交外事人才培养中，它有助于结合理论与实际制定培养目标；根据不同层次的学生，因材施教；根据学生的兴趣爱好，丰富和改进教学方法和手段。在对外文化交流中，它有助于我们讲好中国故事，增进相互理解，寻求共识，促进校际合作和国家之间的友谊。

“一带一路”的目标定位

外交学与外事管理系　雷建锋
国际政治专业研究生　陶华杨扬

从2013年9月，习近平主席在哈萨克斯坦首提共同建设“丝绸之路经济带”的战略倡议；到同年10月，习主席在印度尼西亚国会发表重要演讲时明确提出共同建设“21世纪海上丝绸之路”；再到2015年“一带一路”倡议的最终形成。党和政府一直高度重视“一带一路”倡议的推进，目前也正积极同有关国家展开合作，以期促进这一倡议的落实与发展。在此背景下，国内外众多学者与媒体将关注点放在了共建“一带一路”倡议上，由此掀起了“一带一路”的研究热潮。但已有相关文献和理论著作大多是从大战略的宏观角度定性分析“一带一路”的建设思路、基本架构、潜在风险、应对策略等。[①] 随着“一带一路”相关研究的深入发展与相关建设的有效推进，回归到其本源的目标定位研究就显得十分必要。

一、“一带一路”概况

“一带一路”是“丝绸之路经济带”和“21世纪海上丝绸之路”

① 储殷、高远：《中国“一带一路”战略定位的三个问题》，《国际经济评论》，2015年第2期，第90—99页。

的合称。2015年4月，国家发展改革委员会、外交部和商务部联合发布《推动共建丝绸之路经济带和21世纪海上丝绸之路的愿景与行动》（以下简称《愿景与行动》）。2016年4月，中国政府则在此基础上正式公布了"一带一路"倡议的规划，对"一带一路"的主要内容进行了系统的整理与概括。具体表现在，中国政府在推进"一带一路"倡议时，始终秉持"和平合作、开放包容、互学互鉴、互利共赢"的理念，坚持"恪守联合国宪章的宗旨和原则、开放合作、和谐包容、市场运作、互利共赢"的共建原则，在"政策沟通、设施联通、贸易畅通、资金融通、民心相通"等五个方面加强与相关国家的合作，以此打造一个"利益共同体、命运共同体、责任共同体"。① 但是在实现何种程度的互联互通上，该规划并没有给出具体的可计量性指标，也没有给出明确的推进时间表。所以我们认为，"一带一路"倡议在初始阶段具有较多构想的色彩和广阔的解释空间。②

二、"一带一路"的目标定位

"一带一路"是现阶段中国最高国家战略之一。在大方向基本清晰的情况下，仍面临着具体目标定位不够清晰等问题，从而导致了当前"一带一路"研究的泛滥，因而对其目标定位的研究在理清"一带一路"研究思路中具有重要作用。笔者认为，从更长远的角度分析，"一带一路"的定位可分以下三方面。

（一）短期定位：拓宽市场促进经济发展

"一带一路"自提出以来，其所具有的经济先导性十分突出。

① 《推动共建丝绸之路经济带和21世纪海上丝绸之路的愿景和行动》，中华人民共和国商务部网站：http://zhs.mofcom.gov.cn/article/xxfb/201503/20150300926644.shtml，2017年9月28日登录。

② 张灼华、陈芃：《中国香港：成为"一带一路"版图中的持续亮点》，《国际经济评论》，2015年第2期，第84页。

现阶段中国政府在推进“一带一路”过程中主要在两方面发力，一是经济领域，二是基础设施领域。当然，从更宏观的角度来看，基础设施是经济领域的一个组成部分。

市场是当前世界经济发展的重要因素，市场的开阔与否在很大程度上决定了一国的经济发展水平。“一带一路”是新时期中国经济外交的新战略，旨在通过扩大与沿线国家的市场与经济合作，进一步拓宽和改善中国经济发展的国际空间。该倡议的推进在现阶段主要是为了拓宽中国的海外市场，增强与沿线各国经济的往来，从而促进共同发展。以中国政府在中东地区推进“一带一路”过程中的诸多经济数据为例。中东是中国商品和服务的重要出口市场，过去20年来，中国向中东出口的商品数量增长迅速，中国出口中东的商品贸易额也不断增加。有数据显示，中国与阿拉伯世界的贸易总额在2011年达到了1959亿美元，与上年（2010年）相比增长了35%；而在2014年，这一数据已接近3000亿美元。[①] 此外，中东地区对于中国而言也是建筑、电信和金融等行业的巨大市场。放眼“一带一路”在其他地区的推进现状，企业走出去，市场在放开，中国与沿线国家的市场融合程度不断提高。经济先行既是“一带一路”战略的特色，也是现阶段中国政府的主要着力点。

（二）中期定位：设施联通紧密国家关系

中国政府将“一带一路”倡议的合作重点概括为包括“政策沟通、设施联通、贸易畅通、资金融通、民心相通”等在内的五项内容。其中，基础设施的互联互通是“一带一路”建设的优先领域。《愿景与行动》中对设施联通的内涵进行了外交文本上的界定。所谓的设施联通是指“在尊重相关国家主权和安全关切的基础上，沿线国家宜加强基础设施建设规划、技术标准体系的对接，共同推进

① Bryant Edwards, “China and the Middle East Statement,Testimony before the U.S.”, *China Economic and Security Review*, June 6,2013, p2. https://www.uscc.gov/sites/default/files/EDWARDS_testimony.pdf. 2017年9月28日登录。

国际骨干通道建设,逐步形成连接亚洲各次区域以及亚欧非之间的基础设施网络”。[①] 在这一过程中“要抓住交通基础设施的关键通道、关键节点和重点工程，优先打通缺失路段，畅通瓶颈路段，配套完善道路安全防护设施和交通管理设施设备，提升道路通达水平”。[②] 现阶段，我国与“一带一路”沿线国家正在积极共建包括“中蒙俄、新亚欧大陆桥、中国—中亚—西亚、中国—中南半岛、中巴、孟中印缅”在内的六大经济走廊。

以地处中东地区的“中巴经济走廊”为例进行分析。“中巴经济走廊”主要是指连通中国新疆喀什与巴基斯坦瓜达尔港的一条线路。在此背景下，中国政府承诺在这一过程中投入456亿美元用于帮助巴方建设能源及基础设施，其中，能源领域的投入达338亿美元，基础设施领域的投入达118亿美元，而瓜达尔港占6.22亿美元。[③] 2016年11月13日，中资港口瓜达尔港开航揭幕仪式在巴基斯坦瓜达尔港举行，成为“中巴经济走廊”建设中的最新成果。瓜达尔港地处巴基斯坦西部，东距巴基斯坦第一大城市卡拉奇460公里，距伊朗边境不到100公里，距中东石油咽喉阿曼湾也只有380公里，位于作为进入波斯湾唯一水道的霍尔木兹海峡的湾口处，向北则是印度洋，地理位置十分重要。这一港口的建设对中巴关系的发展意义重大。一方面，基础设施联通将会缩短两国的空间距离。中巴两国是一衣带水的邻国，但是由于中国西部天然地理因素的限制，长期以来双方的经贸往来主要通过海运。海运虽然具有运输量大的优点，但也存在耗时长、成本高等缺点。以瓜达尔港为代表的中巴经济走廊是涵盖了一条包括公路、铁路和油气管道在内的贸易通道。以石油运输为例，如果中东石油通过瓜达尔港，从陆路经中巴经济走廊进入中国新疆，将把中国目前绕经马六甲海峡的石油运

① 《推动共建丝绸之路经济带和21世纪海上丝绸之路的愿景和行动》，中华人民共和国商务部网站：http://zhs.mofcom.gov.cn/article/xxfb/201503/20150300926644.shtml，2017年9月28日登录。

② 同上。

③ 宋耀辉:《“一带一路”视域下中巴经济走廊建设探讨》,《世界经济务实》,2015年10月，第27页。

输航程缩短85%。意义不言而喻。另一方面，基础设施联通将会促进两国文化交流。“一带一路”的一个突出亮点就在于其是从历史中汲取灵感。贯穿欧亚大陆的古丝绸之路既是一条贸易之路、经济之路，也是一条文化传播与交流之路。“中巴经济走廊”覆盖巴基斯坦各个地区，随着基础设施的互联互通，伴随而来的就是中巴两国经贸合作和人文交流的增加。在这一过程中，源远流长的“丝路精神”将在新时期焕发生机，由此推进两国当代文明深入融合与共同繁荣，为中巴两国乃至整个中东地区的文化创造良好环境。

在科技飞速发展的今天，基础设施的建设难度逐渐降低、建成时间也日渐缩短。而由基础设施建设所带来的影响虽不能立竿见影，却也是日渐成效。随着中国与沿线各国在“一带一路”建设过程中互动与合作的增加，除了经济领域的持续投入以外，基础设施也将是进一步投入的重点。

（三）长期定位：打造国家命运共同体

自习近平主席担任党和国家领导人以来，中国外交呈现出崭新风采。从《努力构建携手共进的命运共同体》（2014年7月18日，习近平在中国—拉美和加勒比国家领导人会晤上的主旨讲话），到《迈向命运共同体 开创亚洲新未来》（2015年3月28日，习近平在博鳌亚洲论坛上的发言），到《构建中巴命运共同体 开辟合作共赢新征程》（2015年4月21日，习近平在巴基斯坦议会的演讲），再到《携手构建合作共赢新伙伴 同心打造人类命运共同体》（2015年9月28日，习近平在第70届联合国大会一般性辩论上的讲话）等一系列主题发言，我们不难看出“命运共同体”似乎已经成为当前中国外交的一个新思路。

中国政府所说的“命运共同体”并非实体，而是一种包含一系列实体的更为密切的伙伴关系。这样一种命运共同体建立在各国对最基本价值观和一系列全球性问题的看法与认同的基础之上。认同感是这一共同体形成的心理基础；随着认同的形成与发展，认同感趋于加强、价值观也趋于一致。由此，共同体在很大程度上不仅仅是经济上的相互依存，还包括政治与文化上的相互理解与包容。作为"一带一路"建设的社会根基，民心相通无疑在沿线国家命运共同体的建构中发挥着重要作用。民心相通的形成必然是在其他四项互联互通形成的基础之上，又反过来促进其他四项互联互通的形成。这也就决定了命运共同体的形成绝不是一朝一夕，而是一个相对较长的时间。那么在很长一段时间内，"一带一路"的建设必然会在一定程度上促进国家命运共同体的形成与发展。

仍以"一带一路"在中东地区的建设为例。自2013年"一带一路"倡议提出以来，中国主要领导人到访中东国家的次数不断增多。2013年12月17日至26日，中国外交部长王毅访问巴勒斯坦、以色列、阿尔及利亚、摩洛哥和沙特阿拉伯五国。在访问以色列期间，王毅外长表示，中国将构建横跨亚欧大陆的丝绸之路经济带，同时构建从太平洋到印度洋的海上丝绸之路。这两条丝绸之路的会合点就是在中东地区，这会为中国和地区国家共同发展、共同繁荣创造很好的机会和前景。[①] 2014年3月13日，在会见沙特王储兼副首相、国防大臣萨勒曼时国家主席习近平表示，中方欢迎沙特参与"一带一路"建设并愿意与沙特政府推进在相关各领域的互利合作。[②] 2016年1月19日，习近平访问沙特，两国一致决定建立中—沙全面战略伙伴关系，在"一带一路"框架内深入合作，双方同意将亚投行打造成互利共赢的融资平台，建立指导双边关系的高级委员会，欢迎重启中国—海合会自由贸易区谈判。1月20日，习近平抵达埃及时表示"埃及是第一个同中国建交的阿拉伯国家，中埃关系是中国同阿拉伯国家关系的起点，代表了中阿关系的高度和温度"。[③] 此次访问，中埃双方将两国关系提升为全面战略合作伙伴

① 《王毅接受卡塔尔半岛电视台专访》，中国外交部网站：http: //www.fmprc.gov.cn/mfa_chn/zyxw_602251/til16490.ahtml，2017年9月28日登录。

② 《习近平会见沙特王储兼副首相、国防大臣萨勒曼》，《人民日报》，2013年3月14日，第1版。

③ 习近平：《让中阿友谊如尼罗河水奔涌向前》，《人民日报》，2016年1月20日，第1版。

关系，并签署了包含埃及国家会议中心、议会大厦、会展城、12部委办公楼等约合27亿美元的埃及新首都建设一揽子总承包合同等系列合作文件。而在此前，1月21日习近平在阿盟总部发表演讲时曾10次提到了“一带一路”战略。习主席强调，中国政府从没有在中东谋求所谓的地区霸权的打算，因而有关中国旨在“填补美国留下的地缘政治真空”的说法也是站不住脚的。中国政府在中东地区的一切行动始终高举互利共赢的大旗，都是在为了双方的共同发展而努力。从长远来看，命运共同体的建立不仅依赖于高层往来的密切，还有赖于良好的民意基础。据美国皮尤中心在涉及中国问题的全球民调结果显示，2011年，44%的约旦人、49%的以色列人、57%的埃及人、59%的黎巴嫩人和62%的巴勒斯坦人，对中国持正面和积极的评价。此外，从2008年到2012年这短短四年，中东普通民众对中国持正面和积极态度的比例保持稳定上升的趋势。[①] 由此，随着“一带一路”的稳步推进，民意基础必将持续走好，而这在命运共同体的建设中无疑会发挥重要作用。

三、结语

社会科学最大的动力来源于现实需要。当前“一带一路”建设是新时期我国对外开放和区域协调发展的重大战略举措，也是构建中国全方位开放新格局的必然要求。不可否认，建设思路、基本架构、面临的风险、具体策略等内容作为“一带一路”的重要组成部分具有极高的研究价值，但目标定位的研究也不容忽视。

当前中国“一带一路”建设属于短期定位与中期定位的实施阶

① Statement of Bryant Edwards and Yitzhak Shichor,*China's Perspectives and Policy in the Middle East*, Testimony before the U.S.-China Economic and Security Review Commission, June 6, 2013,p.37. https://www.uscc.gov/sites/default/files/transcripts/USCC%20Hearing%20Transcript%20-%20June%206%202013.pdf.2017年9月28日登录。

段，即市场拓宽与整合以及基础设施的建设。从更长远的角度看，国家命运共同体既是“一带一路”的促成因素，也是“一带一路”的最终目的。当然，这三大目标定位是相互交融、彼此促进的。市场拓宽与整合促进一带一路沿线各国经济交往；经济交往又进一步要求各国在基础设施上增大投入，而这最终会促进国家命运共同体的形成。

苏秦外交论

基础教学部　王　立

《史记》中讲道："夫苏秦起闾阎，连六国从亲，此其智有过人者。"

苏秦和张仪都是战国时期纵横家的代表人物。商鞅变法，历经十载，秦国得到了空前的发展，于是开始向外进行扩张，时时想吞并六国。六国若联合起来，可以抗秦；而六国若分裂，则会被秦国各个击破。由此形成了针对秦国的合纵与连横两派主张。抗秦派主张中原诸侯联合起来，从地理上看，南北形成一条直线，所以叫"合纵"；亲秦派主张中原诸侯同秦国亲善，造成东西联盟的局面，这就是"连横"。苏秦和张仪就分别是这两派的代表人物。实际上，倡导"合纵"的第一人是公孙衍，他是魏国人，做过魏国的宰相，曾组织魏、赵、韩、燕、楚五国合纵攻秦，可是最终只有魏、赵、韩三国出了兵，从而在攻打函谷关时吃了败仗，只好收兵回国，使得此次"合纵"没有什么成果。

苏秦是东周雒邑人，字季子，出身布衣之家，苏代、苏厉为其兄，只是年岁相差不大。三人都曾活跃在当时的政治舞台上，苏代与苏厉都是以配合苏秦的活动为主，但影响力不如其弟。苏秦拜师于鬼谷子，学有所成后，开始用纵横论进行游说，但没有什么结果，只好落魄地回到家中，遭到了家人的白眼和指责。此后，他发现了《太公阴符》，经过一年多的苦读，写出了"揣""摩"两篇文章，再研究当时各诸侯国国君的脾气禀性、好恶，便又开始了游说之路。最初，苏秦并非是“合纵论”者，而是“连横论”者。他曾游说秦君，但未被重视，从此，才开始了其“合纵”游说的生涯。

苏秦先到赵国，赵肃侯弟赵成为相，赵成不喜欢苏秦，没有任用他，所以，苏秦来到燕国。苏秦应新立的燕昭王“单身厚币以招贤者”的呼吁，于公元前310年再次入燕，先后应召前来的还有乐毅、邹衍和剧辛，《说苑·君道》说：“四子毕至，果以弱燕并强齐。”[①] 苏秦之所以要转而投奔燕国，而非强大的秦国和齐国，主要由于当时的秦国当政者中都是主张“连横”，齐国的齐宣王又非明主，而当时的燕昭王却有着图强之心，苏秦又是以“进取之臣”自居，所以“不事无为之主”是其座右铭。他曾对燕昭王说，之所以舍得“离老母而事足下”，是为了“去自覆之术（保守复旧）而谋进取之道”。燕昭王也认为：“燕欲报仇于齐，非苏氏莫可。”

苏秦对燕昭王指出，燕国的大患不只强齐，秦赵同样对燕国构成巨大威胁，惟“秦之攻燕也，战于千里之外；赵之攻燕也，战于百里之内”。从地理形势上看，秦国远在西陲，赵国却是近在咫尺，而“齐赵循善，燕之大祸”。因此燕国的外交战略应该是“强燕弱齐”，要做到这一点，则必须是“大者可以使齐勿谋燕，次可以恶齐赵之交”，使燕国“世世无患”。如果强齐伐燕，燕国是难以抵挡的，因此必须要“阴出使”，采取使齐国“西劳于宋，南罢于楚”[②] 的方针。燕昭王听后很是高兴，认为“假寡人五年，寡人得志矣”。但苏秦却宁愿将困难估计得更充分一些，所以有“请假王十年”之劝诫。

苏秦与燕昭王反复策划，终于决定派苏秦“阴出使”于齐。表面上是“循齐”以加强燕齐两国的关系，实际上真正的目的却是在“恶齐赵之交”。苏秦对出使一事是充满了信心，但其对燕国内部的

① 《说苑全译》，26页，汉·刘向著，王瑛、王天海译注，贵州人民出版社，1992年。

② 《战国策·燕策一》，卷29，338页，汉·刘向编集，贺伟、侯仰军点校，齐鲁书社，2005年。

反对势力却忧心忡忡，所以对燕昭王讲了许多“以忠信之故见罪于左右”的事例，希望燕昭王能够“无制于群臣也”。在燕昭王表示“鱼（吾）必不听众口与造言”的承诺后，才前往齐国。经过两次出使，终于使齐王相信了他。之所以能够得到齐王的信任，主要还是在于苏秦为齐王制定了争取三晋以制约秦国，同时又笼络秦国以牵制三晋的策略。公元前288年，秦王与齐王先后称帝，苏秦劝说齐王取消帝号，他问齐王“释帝则天下爱齐乎？且爱秦乎？”齐王认为“爱齐而憎秦”。齐王同意了苏秦的看法，取消了帝号。

公元前287年苏秦返回燕国，打算继续出使魏国，不料，齐王此时却将助齐攻宋的燕将张魁给杀了，“燕王闻之，泣数行而下”。他不仅为损兵折将感到痛心，更为国弱权轻委屈无比。原打算绝齐明志，但终于还是听从了臣属的建议。苏秦为此事向燕王表示“辞为臣于齐”，以表明他对齐王的做法十分愤慨，同时也以未能避免燕王受辱而感到不安。苏秦献策说，可使使臣游说秦王联合燕赵，并相约以秦为西帝，燕为北帝，赵为中帝，“立三帝以令天下”，驱使韩魏共同伐齐，逼齐“必反宋，归楚淮北”。秦王会因此而认为“收（联合）燕赵，国安名尊；不收燕赵，国危而名卑”，那时联秦伐齐的战略目标就可以实现了。因此燕昭王勉强他继续为合纵攻秦尽力，并表示愿意出兵支持行动，于是苏秦仍旧按照原有计划，南下魏国、赵国。实际上，苏秦此次出使，是负有双重使命的。公开名义是为齐王结好三晋，合纵攻秦，实则也是为了燕王暗中笼络魏赵，做联合反齐的准备。

苏秦在魏国的使命完成得比较顺利，因为此时执掌魏国朝政的是被齐王罢相的田文，要他动员魏王协力攻齐，可谓正中其下怀。由于五国合纵攻秦不成，苏秦劝慰燕昭王“勿忧。齐虽欲攻燕，未能，未敢；燕亦勿急于攻齐”。同时，他还给燕王发出一封信，继续汇报下一步攻齐的准备工作。苏秦认为应使齐先背魏，才能激怒魏王反齐，所以他已通过各种渠道恐吓齐王，说魏赵等国攻秦不成，势必将背齐而与秦国谋求妥协，陷齐于孤立的境地。而齐王果然“甚惧而欲先天下”，既打算联合楚赵对付秦国，又打算同秦国和解，可见其已陷入困境。苏秦再次提醒昭王对于攻齐一事，既不要带头出兵，也不要与群臣公开讨论攻齐的问题，他说“齐王以燕为必待其弊而攻齐，未可懈也”。苏秦是想做到让赵魏先攻齐，燕国承其后，既考虑减轻燕国的损失，也不致危及自己在齐国的处境。苏秦在信中最后说“言者以臣□（原文脱落）贱而邈于王矣”。意思是说，人们此时都以为他已失去燕王的信任了。在人们的心目中，这样推论自然是合乎逻辑的。因为苏秦是燕王派往齐国的使臣，成为齐王宠信的客卿并代表齐王出使三晋，而燕王竟公开策划攻齐，这反映燕王的确是不再重视苏秦了。苏秦一再劝说燕昭王勿急于攻齐是经过深思熟虑的，他了解这样做可能会引起燕王的猜疑，所以最后一句既有委婉劝说燕王不必过虑的含义，也包括了他为燕谋齐的初衷是不会改变的。

正当苏秦竭力离间齐赵，使两国关系不断恶化的关键时期，他意外地收到了燕王的使臣前来传达旨意，说要换人接替其工作。苏秦对此大惑不解，且深觉委屈，为此他又给燕王写了一封长信，这就是《战国策纵横家书》之《帛书四》。信的开头即说“燕齐之恶也久矣。臣处于燕齐之交，固知必将不信”，为了燕国的利益，他只得“以死任事”。信中还说道他如何促使五国合纵攻秦，他“虽无大功，自以为免于罪矣”，然而，也料到“臣贵于齐，燕大夫将不信臣。臣贱，将轻臣。臣用，将多望于臣。齐有不善，将归罪于臣，天下不攻齐，将曰善为齐谋。天下攻齐，将与齐兼弃臣。臣之所处者重卵也”。苏秦说他为昭王效力以来，深得信任与重用，对此他有感戴之情“臣甘死，辱，可以报王，愿为之”。但是对燕使传达燕王“吾欲用所善”的意图难以理解。苏秦在信尾说道，如果是为了舍弃他而改用他人，“臣请归释事，苟得时见，盈愿矣”。

燕王想召回苏秦，未必就是听信了大臣们对苏秦的诽谤，可能是五国攻齐的行动即将实施，所以急于让苏秦离齐，以免受到株连。但苏秦不知何故，仍旧继续其弱齐的活动，他不断地劝谏齐王伐宋，并最终于公元前286年兼并了受封立国达上千年的宋国，使其成为春秋十二诸侯中继郑国之后第二个在战国时期被消灭的诸侯国，这也是战国中后期使中原震动的一件大事，对整个社会时局有着深远的影响。宋国“皆平原四达、膏腴之地”，齐国吞并宋国，等于使齐国扩展了一倍，让万乘强齐的声势达到了极点，从而激化三晋、秦国、燕国同齐国的矛盾到了无法调和的地步。燕昭王则抓住这一时机，派遣乐毅使赵、使魏，配合苏秦的活动，具体部署攻齐的有关事宜。公元前284年，燕昭王又亲赴邯郸面见赵王，最后确定攻齐的具体分工。不久即任命乐毅为上将军，与秦将白起、赵将廉颇、韩将暴鸢、魏将晋鄙等当年威震诸侯的名将组织了五国联军浩浩荡荡地向齐国进兵。齐王由于听信了苏秦的话，只注重济西正面，“悉起而距军乎济上”，乐毅所率燕军先从齐北乘虚而入，西线也就节节溃退了。秦、赵、韩、魏等国纷纷收回以往为齐国所占领的土地，获胜收兵。惟独乐毅率领的燕军，穷追不舍，直指临淄。这时苏秦本应见机撤退，但他似乎还想对齐军进行策反活动，以致反间活动败露。齐王在弃都外逃的前夕，下令车裂了苏秦。乐毅攻下临淄，苏秦已是血溅齐都。苏秦在短短几年的时间里串演了离赵、灭宋、攻秦、弱齐的几幕史剧，而他自己也实践了“甘死、辱”的诺言。

可以说，苏秦在外交上的最大成就就是辅佐燕昭王振兴处于屈辱地位的燕国，并出色地完成了在三晋和齐国之间的活动，先后离间了秦赵宋联盟，破坏了齐赵的关系，推动了合纵抗秦，其后还促成了合纵攻齐，使强齐濒于覆灭，这一系列的活动，只是在短短的几年之中完成的，而这几年的形势错综复杂，风云诡谲，事态之变幻也是急剧莫测，处置之棘手极费心机，这就更加衬托出苏秦的外交艺术非同凡响。苏秦的外交成就对战国后期的形势发展产生了深远的影响，他也为此献出了自己的生命。

《战国策》《史记》等史籍均讲述苏秦相六国，合纵攻秦，使“秦兵不敢出函谷关十五年”。这种说法应该说根据不足。实际上，从苏秦初次使齐始，及合纵攻秦以后的数年内，秦国仍不断出兵各诸侯国。其中较为重要的事件有攻楚两次，取楚九城，并计赚楚怀王，囚死于秦；击魏伐韩战于伊阙，斩首24万人。其后又屡次进攻魏楚，并攻韩取宛。公元前292年，魏国献河东四百里，韩献武遂地方二百里。取魏城，迫魏献出安邑、河内。此后五国伐齐，破之于济西；伐魏至大梁，等等，更是史不绝书。“诸侯休，天下安，二十九年不相攻”，[①] 似乎更是不可信。

司马迁在其《史记》中将苏秦立为列传，篇幅甚至长过《张仪列传》。虽然，司马迁讲“苏秦被反间以致死，天下共笑之，讳学其术。然世言苏秦多异，异时事有类之者皆附之苏秦”，却很推崇苏秦的过人之智，立传“勿令独蒙恶声焉”。可惜由于时代的局限，终未能替苏秦消除恶名。

应该肯定的是苏秦事燕，从一而终，不但是忠于燕昭王，而且力求贯彻他们共同制定的强燕战略，也就是忠于他自己的理想和事业。后来，他前往齐国为齐效力，并受到齐王的重用，是得到燕昭王同意和支持的。有人说战国时期君臣等级制尚未完全崩溃，君臣关系一经形成，就不能有二心。春秋战国时期事君有二心，是见不得人的，是要遭人唾弃的。实际上春秋时期并没有明确的“忠臣不事二主”的观念，童书业先生的《春秋左传研究》中讲过：晋用异姓及客卿多，已开战国之制。据马非百先生的《秦集史丞相表》记载：战国时期秦国自武王至二世共有31名丞相，多为异姓及客卿，秦人仅一名二任。倘若孔子也有“忠臣不事二主”的思想，他是绝不会背鲁远游，四处求仕的。战国时期常有以他国之相为相的事例，这主要是出于增进双方友好的权宜之计，不可同日而语。

以苏秦和孟尝君田文为例，两人曾一起共事，《史记·孟尝君列传》就曾记载：田文是个恶霸，过赵时，观者原以为他仪表堂堂，未曾想实则“乃渺小丈夫耳”。他听到有人私下里窃笑，竟然击杀

① 《战国策·赵策二》，202页，汉·刘向编集，贺伟、侯仰军点校，齐鲁书社，2005年。

数百人，灭一县以泄愤。他身为贵族，位尊至相，却也曾先后事魏秦反对祖国齐国，为何其恶名不如苏秦大呢？由此可见，这并非是苏秦当时为人耻笑的真正原因。苏秦之所以“独蒙恶声”，主要还是因为司马迁归因“反间致死”说得对。苏秦死后，其事彻底败露，身受其害的齐国、秦国和三晋之士，乃至于宋楚卫等诸侯国的统治者，没有不对他恨之入骨的，更不必说张仪之流等对立派系对他的种种辱骂了。至于《荀子·臣道》所说苏秦、张仪等人均是“巧佞便说，善取宠乎上”的态臣，是有些失之公允。从史籍材料上看，苏秦应该并非是趋炎附势之徒，至于《战国策》《史记》中所记载的关于苏秦的言行，可能多是杜撰之言，难以为凭。举例说，苏秦说秦王、苏秦说楚王等事例应该均为他人杜撰之作。之所以这样说是因为我们从《战国策纵横家书》中所发现的苏秦手札和言论，与此皆不吻合，看不出苏秦是“巧佞便说，善取宠乎上”的态臣。虽然苏秦有时也讲一些奉承君王的话语，但主要还是出于外交策略上的考虑，同媚态不能相提并论。苏秦的反间外交和张仪的欺诈性外交，从性质上讲是不一样的。苏秦运用的是公开的外交手腕，就像他对燕昭王所说“且臣之说齐王，曾非欺之也”；而张仪在外交上常常使用欺蒙手段。所以说，以理取胜和以诈欺人，除了是外交手腕上的表现外，实际上也是人品的真实反映。就这一点来说，苏秦远胜张仪。苏秦虽然从事反间外交，但从未以诈谋胜，而是以理取之。这与张仪的欺骗楚怀王，要弄欺骗伎俩完全不同。苏秦“言其当权事制宜，受命而不受辞”，保持了纵横家的本色。“及邪人为之，则上诈谖而弃其信”，张仪才是纵横家“邪人”，他凭借巧舌如簧谋取高官厚禄，而苏秦却是靠着辞股苦学才得以成名，由此可见，苏秦比张仪要踏实勤奋得多。《史记·张仪列传》说“夫张仪之行事甚于苏秦，然世恶苏秦者，以其先死而仪振暴其短，以扶其说，成其衡（连横）道”。事实上是张仪的信徒为了“成其衡道”以贬抑苏秦的合纵之说，并对苏秦进行的人身攻击。

苏秦的反间外交之所以能够成功是有其必然性的，而这种必然性也是常寓于种种偶然性之中的。其一，苏秦是利用矛盾的高手，特别是善于调动矛盾，为我所用。当时，就有燕国同齐国、三晋的矛盾；而从他所侍奉的齐国来说，又有与秦燕三晋及楚宋的矛盾。在这些错综复杂的矛盾中，若不是睿智灼见者是难以分辨的。苏秦以齐秦为主要矛盾，而将燕齐矛盾放在从属的地位，但要将这种思想让燕昭王相信是很难的，不但要使燕国赢得时间壮大自己，还要能置身事外，变被动为主动，使齐秦的矛盾被纳入为燕所用的轨道而演化成为决定当时国际形势的主要矛盾。其二，在利用各种矛盾过程中，能够及时而准确地抓住突破口，使之产生化学作用，促使各种矛盾分化和重新组合。而这个突破口就是激化齐宋矛盾，使齐王并宋的野心膨胀到极点，苏秦倾其全力劝谏齐王三次伐宋，虽有起伏，但终致秦赵宋联盟瓦解，使赵国完全孤立于秦齐两大诸侯国之间，同时，也使齐魏与齐楚关系不断恶化。其三，苏秦具有超乎常人的想象力和出色的韬略与机智，而且他是“世与少有的辩士”。苏秦遇事常常设想三种对策以供权衡抉择，“上不可则行其中，中不可则行其下”。这不但取得了当权者的信任，也是他深谋远虑，出奇制胜的诀窍。其四，苏秦具有丰富的知识，对各诸侯国的史地、经济、文化和军事以及它们之间的外交关系，特别是对当权者的思想心态，可以说是了若指掌，而且还能不断汲取前人权变之术的经验教训。其五，苏秦交游广泛，善于处理各种人际关系。他“遍事三晋之吏”，与许多权贵都有着密切的关系，并得以驰骋于三晋和燕齐之间，纵横捭阖，即便遇到难题也应对自如，善于克服，为搜集情报进而做出正确判断创造了条件。苏秦著有《苏子》31篇，较之张仪的《张子》10篇多出许多，大概占到了纵横大家著作总数的近三分之一，只不过未能流传下来。

由此可知，苏秦外交上的成就，固然有其客观因素，但其本人的主观条件也起了重要的作用，这也就是唐兰先生之所以说其“在公元前三世纪初的重要历史事件中所处的地位极其重要”的根本原因。强燕弱齐的结果，就是打破了秦齐两极左右天下的格局。齐国也因此而一蹶不振，客观上为秦国统一中国扫除了一大障碍。从这个意义上说，苏秦的外交为中国的统一作出了历史性的贡献。《战国策·秦策一》在赞赏苏秦时云：“当此之时，天下之大，万民之众，王侯之威，谋臣之权，皆决于苏秦之策。不费斗粮，未烦一兵，未战一士，未绝一弦，未折一矢，诸侯相亲，贤于兄弟。夫贤人在而天下服，一人用而天下从！”这种说法有夸张之嫌。但说公孙衍、张仪这些“大丈夫一怒而诸侯惧，安居而天下息”，则更是危言耸听。苏秦所以能够发挥作用，缘于特定的历史条件和特定的各诸侯国关系，这也就是为什么秦汉以后统一的中国再也没有出现苏秦那样的反间外交家，即便是在古代的世界外交史上也是罕见的，更不必说近代以来的外交了。苏秦在外交史上的地位及其战略思想是值得肯定和研究的。

同样，苏秦的思想也受到时代及阶级属性的局限，他同样迷信外交决定一个国家命运的信条，未能充分认识外交实际上是内政的延续，内政则是外交的根本。所谓“安民之本，在于择交，择交而得则民安，择交而不得则民终身不安”，正是反映了他的这一思想，这也是他未能将外交与内政有机结合而以内政为立脚点的症结所在。苏秦生活在那样的时代，追求个人的功名利禄，不足为怪。但他能够从未放弃其外交战略的追求，是其不同于其他纵横家的地方。

论有中国特色的全球发展合作[①]

国际经济学院　崔绍忠

发展是人类永恒的主题。长期以来，全球发展格局呈现出“北强南弱”的态势。但是，伴随发展中国家整体崛起，全球发展格局发生了深广变化：一方面，发展中国家整体实力大大增强，在国际发展体系中开始发挥更多的作用和影响力；另一方面，发展中国家的内部发展差距有扩大之势，同时还面临着全球发展的各种新挑战。因此，当今世界亟须有人代表国际社会整体以及共同的公共利益，包括那些在全球阶级分化进程中被排除在体系之外或被边缘化的人们，进行不同以往的全球性思考，形成一种积极、共享、能够凝聚人心、有助于引导和激励大家采取行动的全球发展原则和理念。改革开放以来，中国逐步形成了有中国特色的全球发展原则和理念。

一、全球发展的中国原则和理念

关于全球发展，中国作为发展中大国，积极坚持并践行如下六大原则和理念。

① 本文是中央高校基本科研业务费专项资金科研创新项目“‘一带一路’建设中的经济合作机制研究”(项目批准号：3162015ZYKA01)的阶段性成果。

（一）“共同发展”

发展是个世界性问题，发展中国家长期面临艰巨的发展任务。世界银行数据显示，全球有12.9亿极端贫困人口，这些人口大多集中在发展中国家，他们每人每天生活费用在1.25美元以下。另据牛津大学一项研究显示，在全球49个发展中国家，“赤贫”人口占其国内贫困人口总数的一半以上。三分之二的“赤贫”家庭有成员严重营养不良，40%的“赤贫”人口每天至少步行45分钟寻找安全饮用水源，超过80%的人居住环境恶劣，90%以上的人没有适当的卫生设施。发达国家的发展前景也不容乐观，国际金融危机爆发以来，美国、欧洲、日本的经济形势跌宕起伏，经济危机甚至引发政治不稳、社会动荡，使这些长期富足、稳定的发达国家也面临摆脱困境、推动发展的难题。合则强，孤则弱。21世纪是合作的世纪，面对共同的发展任务，各国都不可能独善其身，只有在谋求自身发展时促进其他国家共同发展，在实现各国美好梦想的过程中相互支持、相互帮助，才能真正摆脱困境，实现共同发展和互利共赢。人类社会的发展前景是广阔的。发达国家与发展中国家要按照和平共处五项原则精神的要求，秉承共同发展、合作共赢理念，在发挥各自比较优势的过程中推动各国提高开放水平，使世界经济在开放中融合、在融合中发展，形成发达国家与发展中国家推动全球经济增长的“双引擎”和互利互补的新态势。①

（二）“和平发展”

当今世界正在发生深刻复杂的变化，和平、发展、合作、共赢已经成为时代潮流，世界多极化、经济全球化深入发展，文化多样化、社会信息化持续推进，科技革命孕育新突破，新兴市场国家

---

① 沈思：《坚持共同发展 实现合作共赢》，求是理论网，2014年7月6日，http://www.qstheory.cn/laigao/2014-07/06/c_1111478629.htm，2016年9月5日登录。

和发展中国家整体实力增强，多个发展中心在世界各地区逐渐形成，国际社会日益成为你中有我、我中有你的命运共同体，国际力量对比朝着有利于维护世界和平的方向发展。同时，世界仍然很不安宁。国际金融危机影响深远，世界经济增长不稳定不确定因素增多，全球发展不平衡加剧，霸权主义、强权政治和新干涉主义有所上升，局部动荡频繁发生，粮食安全、能源资源安全、网络安全等全球性问题更加突出。推动世界多极化、国际关系民主化，实现世界经济可持续发展，维护世界文明多样性成为全球性主要议题，人类比以往任何时候都更有必要更有条件朝和平与发展的目标迈进。面对国际形势的深刻变化和世界各国同舟共济的客观要求，以习近平同志为总书记的党中央统筹国际国内两个大局，明确提出聚精会神搞建设需要两个基本条件，一个是和谐稳定的国内环境，一个是和平安宁的国际环境。只有坚持走和平发展道路，同世界各国一道维护世界和平，中国才能实现自己的目标，为世界作出更大贡献。党的十八大以来，习近平总书记反复强调，中国将坚定不移沿着和平发展道路走下去，任何力量都不能动摇中国和平发展的信念。和平发展是我们党基于自身国情、社会制度、文化传统做出的战略抉择，顺应时代潮流，符合中国根本利益，符合周边国家利益，符合世界各国利益。走和平发展道路的战略思想，充分展现了当代中国的世界眼光、博大胸襟和宽广视野，郑重宣示了当代中国对世界和平与发展不懈追求的坚定决心和原则立场。[①]

（三）“公平发展”

实现中华民族伟大复兴的中国梦，从根本上讲，就是中国每一个人的公平发展梦。从社会来看，公平是人类社会稳定和秩序的基石，是人类社会发展和效率的源泉。从个体来看，公平是人的首要

① 《坚定不移走和平发展道路》，求是理论网，2014年9月16日，http://www.qstheory.cn/dukan/qs/2014-09/16/c_1112445693.htm，2016年9月12日登录。

利益和首要价值，是人自由全面发展的最大动力。建设一个更加公平的社会，保障每一个人有公平发展的机会，是实现中国梦的根本支撑所在。无论对于社会而言，还是对于个人而言，公平都具有特殊的重要性。只有公平，才能最大限度地保护和激发每一个中国人的积极性和创造性，才能有效地促进人的自由而全面的发展。只有公平，才能有效地维护社会稳定和提高经济发展的效率，才能保障人类社会的持续发展和繁荣稳定。[①] 十八届三中全会审议通过《中共中央关于全面深化改革若干重大问题的决定》，其使命和目的是要推进经济社会的公平发展。即是说，坚持公平发展是解决我国所有问题的关键，是重大的战略判断。可以说，十八届三中全会的使命，就是通过全面深化改革的顶层设计，谋求经济社会的公平发展。

（四）“均衡发展”

均衡发展是中国共产党对于中国人民的政治承诺。新中国成立后，由于缺乏现代化建设的经济基础，加上外在环境因素，只能采取非均衡发展模式。尽管党和政府(国家)采取了合作社、集体化甚至人民公社等体制，加上户籍制度等政策举措，仍然无法避免各种社会问题和矛盾在资源匮乏的社会出现。改革开放和市场经济政策，从某种意义上也是一种非均衡的发展。于是，上述问题和矛盾不仅没有得到有效缓解，反而越积越多，这显然违背了建立公平正义的社会主义现代化国家的初衷。于是，在中国经济发展规模和水平已经初步具备均衡发展的可能时，国家提出了构建均衡发展的和谐社会的诉求。[②]

---

① 胡联合、胡鞍钢：《中国梦：中国每一个人的公平发展梦》，《探索》，2013年第3期，第48—53页。

② 叶国文：《从非均衡到均衡：当代中国发展的政治逻辑》，《观察与思考》，2013年第2期，第16—21页。

（五）"协调发展"

协调发展是科学发展观的基本要求。胡锦涛同志在中共十七大报告中指出：科学发展观，基本要求是全面协调可持续。我国城乡、区域、经济社会发展不协调由来已久，当前城乡差距和区域差距仍然很大。缩小城乡差距、区域差距，解决发展中的不协调问题，是我国现代化建设的必然要求，也是发展的迫切需要。由于我国幅员广阔，生产力发展不平衡，二元结构的特征极为突出，城乡、区域、经济社会发展不协调、不平衡的现象决不是短时期内能够解决的问题。根据有关专家测算，在2020年实现全面建设小康社会之前，我国的城乡差距、区域差距扩大的趋势仍难以根本扭转，而且，由于我国面临着国际上缩小与发达国家差距和在国内缩小城乡、区域差距双重任务所造成的两难选择，实现我国的协调发展将是一项长期的艰巨任务，是需要几代人、十几代人乃至几十代人长期艰苦努力才能实现的目标。因此，坚持协调发展、统筹城乡发展、统筹区域发展、统筹经济社会发展、统筹人与自然和谐发展、统筹国内发展与对外开放，是我国发展必须长期坚持的方针。①

（六）"全面发展"

"全面建成小康社会"是我国发展的阶段性总目标。实现全面建设小康社会的目标，必须使经济更加发展、民主更加健全、科教更加进步、文化更加繁荣、社会更加和谐、人民生活更加殷实。为了实现全面建设小康社会的目标，必须在坚持以经济建设为中心的基础上，推进经济建设、政治建设、文化建设、社会建设和生态建设的全面发展；在经济体制改革深入发展的基础上，推进政治体制、文化体制、社会体制等各方面体制改革的配套进行。人类目前

---

① 《科学发展观》，光明网，2011年2月10日，http://topics.gmw.cn/2011-02/10/content_1599108.htm，2016年9月12日登录。

正在努力走向的时代被称为生态文明时代、后工业文明时代以及智能化时代……发展的目标从经济到社会到环境到以人为本，内涵不断丰富和拓展，中国已经确立了“富强民主文明和谐美丽”五位一体的全面发展目标。“全面建成小康社会”包括“经济持续健康发展”“人民民主不断扩大”“文化软实力显著增强”“人民生活水平全面提高”“资源节约型、环境友好型社会建设取得重大进展”等具体内涵。①

二、有中国特色的全球发展合作实践

中国的稳定发展离不开世界各国的支持与帮助，世界的繁荣进步也越来越离不开中国的付出与贡献。新中国成立六十多年来，特别是改革开放三十多年来，取得了举世瞩目的成就。中国对外开放极大促进了经济社会发展，对外依存达到前所未有的高度，中国全面融入国际社会,启动了有中国特色的全球发展合作伟大实践。

（一）创新发展模式，为全球发展合作注入新动能

中国发展给世界各国带来了实实在在的好处，为世界和平与发展作出了重要贡献。2001年加入世界贸易组织以来，中国年均进口近7500亿美元商品，相当于为相关国家和地区创造了1400多万个就业岗位，在华外商投资企业从中国累计汇出利润2617亿美元，年均增长30%。2000年至2010年，中国非金融类年度对外直接投资从不足10亿美元增加到590亿美元，有力促进了相关国家的经济发展。中国2008年以来对世界经济增长的贡献率均达到10%以上。在1997年亚洲金融危机引起周边国家和地区货币大幅贬值情况下，中国保持人民币汇率基本稳定，为区域经济稳定和发展作出

① 万劲波:《以“全面创新”驱动“全面发展”》,《中国科学报》，2014年12月22日，第7版。

了贡献。2008年国际金融危机发生后，中国积极参与二十国集团等全球经济治理机制建设，推动国际金融体系改革，参与各国宏观经济政策协调，参与国际贸易融资计划和金融合作，组织大型采购团赴海外采购，向陷入困境的国家伸出援手。[①]

中国是世界上最大的发展中国家。在发展进程中，中国坚持把中国人民的利益同各国人民的共同利益结合起来，在南南合作框架下向其他发展中国家提供力所能及的援助，支持和帮助发展中国家特别是最不发达国家减少贫困、改善民生。中国以积极的姿态参与国际发展合作，发挥出建设性作用。中国认真落实联合国千年发展目标，成为全球唯一提前实现贫困人口减半的国家，并根据自身能力积极开展对外援助。截至2009年底，中国累计向161个国家、30多个国际和区域组织提供了2563亿元人民币的援助，减免50个重债穷国和最不发达国家债务380笔，为发展中国家培训人员12万人次，累计派出2.1万名援外医疗队员和近1万名援外教师。中国积极推动最不发达国家扩大对华出口，并已承诺对所有同中国建交的最不发达国家95%的输华产品给予零关税待遇。[②]

（二）中非合作被打造为全球发展合作中南南合作的典范

中国与非洲的合作堪称国际关系中友好合作、相互依存的典范。中国作为当今世界上最大的发展中国家，与发展中国家最集中的非洲大陆建立了合作共赢的新型战略伙伴关系。特别是在中非合作论坛的引领下，中非双方携手走出了一条独具特色、尽显优势的中非发展合作之路。与此同时，论坛发挥出良好的示范效应，带动国际社会更加重视非洲、加大对非投入，成为引领国际社会与非合作的一面旗帜。中非合作论坛是中国和非洲友好国家于2000年共同

---

① 《中国和平发展白皮书》，中华人民共和国中央人民政府网站，2016年9月12日登录，http://www.gov.cn/jrzg/2011-09/06/content_1941204.htm。

② 同上。

倡议成立的集体对话平台和务实合作机制。目前成员共52个,包括中国、与中国建交的50个非洲国家以及非盟委员会。十多年来,论坛走过了不平凡的发展历程。论坛大家庭不断壮大,机制日趋完善,成果日益丰硕。在中非双方共同努力下,中非各领域交流与合作蓬勃开展,论坛第五届部长会后续行动落实工作扎实推进,取得丰硕成果。一是中非政治等领域交往更加密切,在国际事务中保持团结合作,政治互信持续增强。进入21世纪以来,中非政治互信不断加强,高层往来频繁。中国国家主席习近平2013年成功访非,多位非洲国家元首和政府首脑访华,共同把中非新型战略伙伴关系提升到新的水平。二是以五大重点领域举措为主要内容的论坛后续行动落实工作成果丰硕,中非务实合作稳步推进。2013年,中非贸易额达到2102亿美元,是1960年的2000多倍,中国已连续5年成为非洲第一大贸易伙伴国。中国对非直接投资从无到有,存量超过250亿美元,这给双方人民带来了实实在在的好处。三是中非合作论坛机制建设不断完善。论坛继续保持全面、协调、可持续的良好发展势头。论坛中方后续委秘书处及中方有关部门与非洲国家驻华使馆、中国驻非洲国家使馆与驻在国政府有关部门均保持密切沟通。中非民间、媒体、法律、智库等分论坛成果丰硕,中非卫生部长级研讨会、环境部长级对话会等新平台纷纷建立,论坛机制不断完善,有力促进了中非关系的全面发展。[①]

(三)将发展合作纳入中国全球伙伴关系网络

经济全球化时代是共生性全球体系居主导地位的时代,所有行为体均处在各种各样共生性网络关系的体系之中,其根本特征是:一方面各国要坚持独立自主发展,各有自己的梦想与追求,各自都珍惜自己的历史文化传统或者对自己的现实各有偏好,而另一方面

---

① 《外交部官员谈中非合作三大成果》,人民网,2014年12月8日,http://world.people.com.cn/n/2014/1208/c157278-26168965.html,2016年9月12日登录。

是经济全球化造就的"你中有我，我中有你"的利益交融性发展，尽管相互之间依然存在各种矛盾冲突，但是事实上已经在各国之间形成了兴衰相伴、安危与共的命运共同体。[①]

积极构建伙伴关系是中国当代外交的一个特色，旨在走出一条结伴而不结盟的新路。截至2014年，我国已同67个国家、5个地区或区域组织建立了72对不同形式、不同程度的伙伴关系，基本覆盖了世界上主要国家和重要地区。中国构建的伙伴关系有三个基本特征：第一是平等性，国家不分大小贫富，都要相互尊重主权、独立和领土完整，相互尊重各自选择的发展道路与价值观念。第二是和平性，伙伴关系与军事同盟最大的区别是不设假想敌，不针对第三方，排除了军事因素对国家间关系的干扰，致力于以合作而非对抗的方式，以共赢而非零和的理念处理国与国关系。第三是包容性，超越社会制度与意识形态的异同，最大限度地谋求共同利益与共同追求。[②] 发展合作已经成为中国全球伙伴关系网络的重要组成部分。

（四）坚持新型"义利观"，促进发展合作

在外交工作中坚持正确的义利观，是以习近平同志为总书记的党中央针对世界形势的新发展和中国外交的新任务提出的重要思想。坚持正确义利观，既凝结了中华传统文化的道德精髓，也体现了当今中国在国际社会中的行为准则；既是中国国际思想的理念创新，也是中国外交实践的指导原则。中国正在发展为全球性大国，提出坚持正确义利观，表明了中国将以什么样的身份参与国际事务，以什么样的理念和行动展开特色鲜明的大国外交。

在中国和世界都发生深刻变化的时候，提出在外交工作中坚持

① 金应忠：《解读新型全球伙伴关系的合理内核》，《中国青年报》，2015年2月17日，第7版。

② 王毅：《构建全球伙伴关系网络是中国外交的一个特色》，新华网，2014年12月24日，http://news.xinhuanet.com/world/2014-12/24/c_1113763159.htm，2016年9月14日登录。

正确义利观具有重要的理论和现实意义。正确义利观是中国外交理论的思想创新，它秉承中华传统理念和道德精神，将中国经典思想的精髓提炼出来，表现出深厚的中国文化特色。坚持正确义利观也是社会主义核心价值观在国际层面的体现，是根据当今中国与世界的关系提出来的。它标志着中国把自身发展与世界发展联系起来，把中国人民利益同各国人民共同利益结合起来，把中国梦与世界梦结合起来，为构建更加公正合理的世界秩序提供了思想依据。正确义利观顺应和平、发展、合作、共赢的时代潮流，符合中国既是全球性大国又是发展中国家的身份定位。[①]

三、中国发展与全球发展的良性互动

坚持改革开放，坚持在与经济全球化相联系而不是相脱离的进程中建设中国特色社会主义是中国发展道路和战略的重要特点。金融危机和欧债危机后引发的全球经济大调整、大变动、大变革，挑战各国经济发展模式和抵御风险的能力，同时也为谋求变革的各国提供了新的发展机遇。这次由美欧发达国家危机引发的全球经济格局变革将是世界经济发展史上的一次重大转折，同时对正在迈向中等发达国家水平的中国来说也将是前所未有的重大战略机遇。能否把握住机遇，甚至在变革中创造出新的机遇，取决于我国能否与时俱进，实行新一轮的对外开放，以更加积极开放的姿态融入全球化，同时也取决于我们能否在全球资源的配置，以及国际经济与国内经济的互动中创造中国经济发展的新优势。[②]

中共十八届三中全会提出，必须推动对内对外开放相互促进、

① 秦亚青：《正确义利观：新时期中国外交的理念创新和实践原则》，求是理论网，2014年6月16日，http://www.qstheory.cn/dukan/qs/2014-06/16/c_1111103905.htm，2016年9月14日登录。

② 赵瑾：《以开放促转型：新时期国际重大战略机遇与我国对外开放重点》，全球政务网，http://www.govinfo.so/news_info.php?id=13922，2016年9月14日登录。

“引进来”和“走出去”更好结合，促进国际国内要素有序自由流动、资源高效配置、市场高度融合，加快培育、参与和引领国际经济合作竞争新优势，以开放促改革。改革大业的成功，是目标正确、路径正确和操作正确的有机统一。改革目标已定，深获人心，采取正确的路径并操作到位，至为关键。改革不能闭门造车，扩大开放是全面深化改革的有力抓手和突破口之一。开放是全面深化改革的突破口，以开放促改革是我国的成功经验。改革开放以来容易改的都基本改完，剩下的都是难啃的骨头，推进的难度很大，需要再杀开一条血路。开放可以助推完成这一历史使命。开放具有“倒逼”效应和“锁定”效应，“倒逼”就是借用外部压力促使内部调整，有“推动前进”的作用；“锁定”就是承诺的国际规则必须遵守，否则面临违约指控和制裁，起到“防止后退”的作用。[①]

四、全球发展合作的中国方案——“一带一路”

2013年，习近平同志在出访中亚和东南亚国家期间，先后提出共建丝绸之路经济带和21世纪海上丝绸之路的重大倡议。“一带一路”倡议顺应和平、发展、合作、共赢的时代潮流，是推动开放合作、促进和平发展的中国方案，是纵贯古今、统筹陆海、面向全球的世纪蓝图，得到国际社会广泛关注和许多国家积极响应。

发展潜力就是发展空间，发展潜力越大的地方，发展空间也越大。互补就是互利，发展禀赋互补性越强，互利共赢的利益汇合点就越多。“一带一路”的相关国家和地区有较强的发展潜力，与我国经济发展有较强的互补性。从世界范围看，亚洲和周边国家的区域合作相对滞后，如基础设施建设不联不通、联而不通或通而

① 霍建国：《以开放促改革》，中华人民共和国中央人民政府网站，2014年5月27日，http://www.gov.cn/xinwen/2014-05/27/content_2687671.htm，2016年9月14日登录。

不畅，制约了区域合作的进一步发展。“一带一路”分别从陆上和海上推进互联互通，拓展开放通道，能够使相关国家在平等互利的基础上深化区域合作，为亚洲的整体振兴插上强劲翅膀。加强政策沟通、道路联通、贸易畅通、货币流通、民心相通，找到利益契合点，能够最大限度实现经济发展战略的有效对接，逐步形成区域大合作的新格局。[①]

“一带一路”是促进全球发展合作的中国方案，是加快区域经济一体化、经济全球化的重要推动力。中国将与各国一道乘势而上、相向而行，全方位推进务实合作，共襄“一带一路”建设盛举，推动更大范围、更高水平、更深层次的大开放、大交流、大融合，打造政治互信、经济融合、文化包容的利益共同体、责任共同体和命运共同体，早日把“一带一路”宏伟蓝图变成美好现实，为促进全球发展繁荣作出新的更大贡献。[②]

① 赵周贤、刘光明:《“一带一路”：中国梦与世界梦的交汇桥梁》，人民网，2014年12月24日，http://finance.people.com.cn/n/2014/1224/c1004-26263778.html，2016年9月14日登录。

② 高虎城:《“一带一路”是促进全球发展合作的中国方案》，人民网，2015年9月18日，http://theory.people.com.cn/n/2015/0918/c40531-27602216.html，2016年9月14日登录。

"一带一路"推进过程中的投资规则构建

国际经济学院　李　锋

"一带一路"倡议自提出以来，中国不断加强同沿线国家的投资合作，取得了一定的成绩。[①] 但鉴于"一带一路"在对外宣传上仅仅是合作倡议，不能成立新的组织机构进行投资促进，而国际直接投资领域本身也面临机制缺失、规则重构等问题。为了更加务实有效地推进"一带一路"投资合作，我们必须充分利用现有投资规则，并不断在投资新规则上突破创新。

一、中国与"一带一路"沿线国家投资合作的现有规则体系

鉴于"一带一路"的投资合作还存在一些问题和风险，中国需要体制性或规则性的约束和保障机制。"一带一路"作为倡议，无法建立新的投资合作机制，只能利用现有的投资规则，在多边、区域和双边三个层面进行投资协调，但在实际操作过程中也存在一些

---

① 本文是中央高校基本科研业务费国际交流与合作项目资助下完成的研究成果。
"一带一路"倡议虽是开放式的，"基于但不限于古代丝绸之路的范围"，但本文讨论的"一带一路"沿线国家，以64国（不包括中国）为讨论样本，国家清单详见：http://beltandroad.hktdc.com/tc/country-profiles/country-profiles.aspx，2016年5月22日登录。

问题。

（一）多边层面机制缺失

国际投资领域目前尚没有建立一个国际性的监管机构，也没有一个综合性的国际协定，因此“一带一路”的直接投资缺乏有效的协调机制和多边约束。这一点跟国际贸易领域相比就显得非常尴尬，毕竟贸易领域的多边机构和协定（WTO及其GATT、GATS、TRIPS等协定）可以作为全球通用的规则直接用于规范和促进“一带一路”的贸易合作。

目前国际上仅存的几个有约束力的多边投资协定包括:《多边投资担保机构公约》（MIGA）、《解决国家与他国国民间投资争端公约》（ICSID）以及WTO框架下的相关协定（主要指的是《与贸易有关的投资措施协议》，英文简称TRIMS）。其中MIGA用以降低在发展中国家投资的政治风险，ICSID通过调解和仲裁解决国家间的投资争端，TRIMS仅涵盖与货物贸易相关的、对贸易产生限制和扭曲作用的投资措施。[①] 上述几个多边协定，中国都是参与国，可以直接利用，以加强“一带一路”的投资合作，但作用非常有限。首先，这些协定的出发点是保护国际投资，涉及投资风险和投资壁垒，但没有涉及如何促进和鼓励直接投资，可以说处在国际规则的低级阶段；而反观现在的多边贸易规则，已经由贸易保护、贸易自由化升级到了贸易促进、贸易便利化的高级层次，《贸易便利化协定》就是佐证。其次，这些协定仅涵盖了部分投资议题，不全面也不系统，甚至可以说仅包含投资领域的冰山一角，大量的基础性问题（如国民待遇、最惠国待遇）以及敏感性问题（如国家安全审查、资金转移及监管）并没有规范性的解决办法。最后，这些协定的约束力、权威性和有效性还是受到质疑的。以ICSID为例，根据世界

① 李玉梅、桑百川:《国际投资规则比较、趋势与中国对策》,《经济社会体制比较》,2014年第1期,第176—188页。

银行国际投资争端解决中心的统计数据显示，1972至2015年间仅有549起案件提交ICSID寻求调解或仲裁，相较于每年为数众多的投资纠纷而言，求助于ICSID的案件数依旧很少，迄今为止中国企业仅使用了5次。有解决机制却不使用，这说明现有机制还是存在很多缺陷的，其约束力和有效性有待进一步加强。当然，ICSID还是有一定作用的，毕竟"一带一路"沿线有51个国家都是缔约国，这在一定程度上有利于防范海外投资的政治风险。[①]

综合性的多边投资机制不是没有尝试过，只不过都没能实现，不管是OECD的多边投资协议（MAI），还是WTO的多边投资框架（MFI）最终都无功而返。[②] 另外，UNCTAD也做过一些努力，如《世界投资报告》里提及的建立新一代投资政策框架、为可持续发展目标投资的行动计划等，但都仅是倡议而无实际约束力。其他的国际协定，有的虽然通过了但没有约束力，如国际商会的《关于外国投资的公正待遇的国际守则》、OECD的《国际投资和多国企业宣言》等；有的则堕死胎中没有获得通过，如联合国的《跨国公司行为守则（草案）》等。

总结起来，多边层面面临机制缺失的尴尬局面，仅有零星几个协定可以使用，但作用相当有限，"一带一路"的投资合作需要一个综合性的多边投资规则，以提供最基础的、具有普遍约束力和最大公信度的规则性保障。

（二）区域层面规则重构

区域层面的投资协定包括两类，一类是专门针对直接投资的区域性协定，如《亚太贸易协定之投资协议》（APTA Investment，签约国包括中国、孟加拉国、老挝和斯里兰卡等沿线国家）、《中国—

① 没有签约的共有10个国家，包括不丹、印度、伊朗、老挝、马尔代夫、缅甸、巴勒斯坦、波兰、塔吉克斯坦和越南。另外，俄罗斯、吉尔吉斯斯坦和泰国三国已签约但没有生效。

② 邢厚媛：《全球治理中的国际投资规则变化与对策》，《国际经济合作》，2013年第12期，第4—7页。

东盟自由贸易区投资协议》等；另一类是内容涉及直接投资的贸易协定，目前很多区域贸易协定都含有投资条款。①

“一带一路”沿线的区域协定屈指可数，作用也相当有限。首先，区域协定在投资议题上的约束力不强，尤其体现在投资争端解决方面，甚至就没有约束力，比如APTA Investment在2009年通过后就没有生效。其次，不管有没有单独针对直接投资签订协议，区域协定都是以贸易为核心议题展开的，所涵盖的投资内容相对有限。再次，从地理分布上看，无法覆盖“一带一路”沿线众多国家，其适用性也大打折扣。最后，涵盖的投资议题标准太低，无法跟上国际新规则。以TPP为代表的区域协定，在很多投资议题上正引领着投资新规则，如竞争中性、投资者—东道国争端解决机制、劳工和环境标准等；② 而在“一带一路”沿线，可能仅有RCEP算得上新规则，但RCEP一方面还没有达成一致，另一方面由于国家的差异性和多样化无法实现TPP的高标准。当然，TPP的高标准也未必好，比如投资者—东道国争端解决机制就不太适合“一带一路”，或者说标准高不可攀。允许外国投资者可以状告东道国政府，这一机制明显有利于发达国家的跨国公司，而不利于发展中国家的政府机构，与“一带一路”互利共赢的理念有所冲突。因此，如何将投资新规则进行个性化设置，结合“一带一路”的合作理念和实际需求进行因地制宜的设计和采用，这才是大势所趋。

“一带一路”沿线国家也进行了一些有益的尝试，如亚洲基础设施投资银行（简称亚投行）。跟世界银行、亚洲开发银行相比，亚投行更加廉洁高效，而且本着互利共赢的原则，对投资项目以及投资东道国不会附加苛刻的政治条件，可以说亚投行的很多原则及举措正在不断推动金融性开发机构的改革，对原来的金融投资合作机制也是一种冲击，给域内的投资合作注入了改革的动力。当然，

① 陆建人、孙玉红：《制订亚太区域多边投资规则探索》，《亚太经济》，2014年第6期，第7—14页。

② 文洋：《TPP投资规则：内容、挑战及中国的因应》，《国际贸易》，2016年第4期，第48—54页。

亚投行的成效还有待实践的检验，毕竟才刚成立不久。

总结起来，区域层面的投资协定或机制面临两大挑战：一是规则重构，如何结合“一带一路”的实际需求跟国际新规则进行对接，达成高标准的投资协定；二是有待落实，如何让亚投行真正发挥作用，让互利共赢的投资项目尽快落地。

（三）双边层面有待升级

双边层面的合作机制包括双边投资协定（BIT）和避免双重征税协定（DTT）。BIT是目前最重要也是最有效的投资合作机制，中国已与“一带一路”沿线的56个国家签署了BIT。[①] DTT则有助于减轻海外投资企业的税收负担，中国已与“一带一路”沿线的53个国家签署了DTT。[②]

在目前多边机制缺失、区域规则重构的大背景下，BIT是中国推进“一带一路”过程中可以依靠的最有效的投资规则，但中国与沿线国家所签署的BIT也存在一些问题。首先，大多签署于20世纪90年代，版本低内容旧，无法跟上新形势的需要。BIT签署年代久远，而当时中国的直接投资才刚刚起步，中国的利益诉求并不那么强烈，因此可以想象，当时签署的BIT其象征意义大于实际作用，更有甚者，中国与文莱、约旦等国签署的协定就没有生效。目前国际上最新的是美国2012年BIT范本，实现了高标准的投资保护和高水平的投资开放，其外在表现是准入前国民待遇加负面清单的管理模式；[③] 而中国与沿线国家签署的BIT，大多仅停留在保护外来投资的层面，一是保护程度普遍不高，二是较少涉及投资自由化和投资便利化的内容，三是没有一个协定采用了准入前国民待遇加负面

① 尚未与中国签署BIT的“一带一路”国家包括：阿富汗、不丹、东帝汶、伊拉克、马尔代夫、黑山、尼泊尔、巴勒斯坦等8个国家。

② 尚未与中国签署DTT的“一带一路”国家包括：阿富汗、不丹、东帝汶、伊拉克、马尔代夫、巴勒斯坦、柬埔寨、约旦、黎巴嫩、缅甸、也门等11个国家。

③ 聂平香：《国际投资规则的演变及趋势》，《国际经济合作》，2014年第7期，第16—20页。

清单的管理模式。其次，适用范围窄，且费时费力。BIT顾名思义仅适用于双边投资，而与这么多国家都签署协定势必要耗费大量的人力物力财力，更何况现如今BIT面临重新签订的问题，未来的谈判成本可能会成为一种负担。再次，内容重叠冲突，容易造成管理混乱。签约国为数众多、BIT数目庞大、协定内容错综复杂，这容易导致“意大利面条碗效应”，给投资监管和国际协调带来麻烦，也难以给海外投资企业提供稳定统一的政策信号，不利于用标准化的途径解决国际投资纠纷。最后，中国与阿富汗、伊拉克、尼泊尔、东帝汶等动荡国家依然没有签署BIT，中国企业的海外投资利益无法得到保障。

总结起来，双边层面BIT是现阶段推进“一带一路”投资合作的有力保障，但鉴于协定范本和投资议题都过于陈旧，BIT面临版本升级、重新签订的迫切需求。

二、政策建议

目前国际投资规则处在推陈出新的历史拐点，中国需要更加积极主动、创新式地参与规则构建。“一带一路”作为倡议，需要更细化的投资合作指导性原则；作为战略，需要更接地气的投资规则加以约束。

（一）全局出发提出投资合作指导性原则

“一带一路”作为倡议，有一定的灵活性，在投资领域可以进一步细化倡议的原则和内容，可考虑出台一份“一带一路”投资合作的指导性原则，无须建立新的机构或机制。但如何拟定指导性原则和具体内容，如何既保证我国利益又实现域内整体利益最大化是关键。投资合作的指导性原则应该在“一带一路愿景与行动”的基础上，包含行业互补性开放、争端友好式协商、风险最大化可控等具体内容。

投资合作指导性原则虽然没有法律约束力，但由于"一带一路"特别是投资合作的互利共赢原则能给各方都带来实实在在的收益，因此未来可能发挥重要的引领和示范作用。待投资项目不断落地并实现共赢之后，投资合作指导性原则将更加深入人心，到时候"一带一路"甚至可以突破"倡议"的内容而建立实际的投资合作机制或机构。

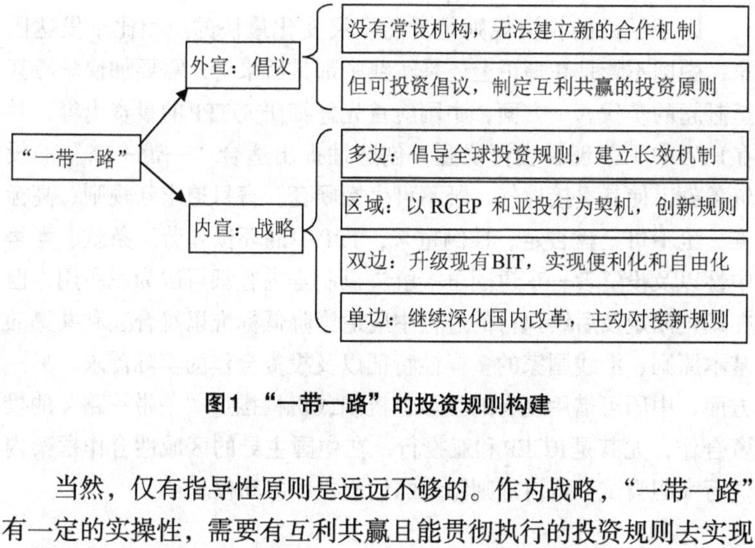

图1 "一带一路"的投资规则构建

当然，仅有指导性原则是远远不够的。作为战略，"一带一路"有一定的实操性，需要有互利共赢且能贯彻执行的投资规则去实现以德服人、以义服众，因此，必须要落实到投资规则上，而且如果有可能，多谈规则、少谈战略，在多边、区域和双边多个层面进行投资规则的整合，升级投资规则，更新投资条款。

（二）多边层面积极倡导全球投资规则

多边层面最理想的状态是建立类似于WTO的全球性投资协调机构，建立一套全球通行的规则体系。因此，中国首先应致力于全球性投资规则，在原有MAI、MFI的基础上力推建立一种适应各国共同需求、综合性的世界投资规则，并坚持以可持续发展的理念和原则积极参与规则制定。但鉴于推进难度和工作量都比较大，短期难以实现，因此次优选择是充分利用现有的MIGA和ICSID。“一带一路”沿线国家的政治风险普遍较大，中国必须要用好现有的风险担保机制以及争端解决机制，利用国际组织或协定来保障中国企业的海外投资利益。

（三）区域层面尝试性推广投资新规则

区域层面的投资规则是目前发展变化最快的。相比于发达国家，中国不管是在理论上还是实践中都是后来者，需要加快学习甚至赶超的步伐。一方面，中国应首先仔细研究TPP的投资内容，并在FTA中不断创新投资议题，创造性提出适合“一带一路”的投资条款，使其更接地气，既不可生搬硬套，盲目追求新规则、高标准，也不可全盘否定、推倒重来，TPP中的环保和劳工条款、竞争中性以及投资者—东道国争端解决机制等内容都可以为我所用，但在规则制定及后续执行的过程中应适当降低标准以符合互利共赢的基本原则、沿线国家的多样性特征以及投资合作的实际需求。另一方面，中国可借用现有的区域性机制或机构推进“一带一路”的投资合作，尤其是RCEP和亚投行，在中国主导的区域性合作框架内进行大胆尝试，抢占规则制定的话语权和主动权。

（四）双边层面落实并升级双边协定

双边层面是最应该而且有能力实现突破的。中国应尽快升级与“一带一路”沿线国家签署的投资协定，争取与所有沿线国家都签署新一代的投资协定，不仅仅是保护直接投资，还要促进和便利化直接投资，更要加快投资的行业开放和自由化进程。[①]

鉴于“一带一路”投资的风险性，一方面我们要充分利用BIT

① 马学礼：《一带一路倡议的规则型风险研究》，《亚太经济》，2015年第6期，第3—8页。

在政治风险方面的保障作用，运用现有规则维护我国的海外投资利益；另一方面要积极推进BIT的便利化和自由化进程，加快投资促进的协调机制建设，并与适当国家进行扩大投资行业准入的尝试性实践。

鉴于“一带一路”国家的多样性，BIT的升级应当是根据国家特性因地制宜地稳步推进，高标准的投资条款亦是如此。“准入前国民待遇+负面清单”的管理模式虽是未来趋势，但由于“一带一路”沿线多半是发展中国家，可考虑跟部分较发达的域内国家进行这种管理模式的创新，不可操之过急，更何况中国也尚处于试验阶段。其他投资条款也一样。另外，结合投资的风险性，可考虑引入投资者—东道国争端解决机制，但须保证公正性和合理性，照顾到广大发展中国家的利益。

（五）单边层面通过深化改革主动对接新规则

国际层面的规则构建需要国内层面的体制改革，中国需要继续创新投资管理体制，以自贸区试点为突破口，加快与国际新规则的对接。[①] 古语云：“治人者必先自治、责人者必先自责、成人者必须自成。”中国要想参与国际投资规则的制定，在“一带一路”推进过程中建立符合中国和各方利益的投资规范，就必须以身作则地先在国内推行高标准的投资规则，一方面要稳步地全国推广准入前国民待遇加负面清单的外商投资管理模式，并不断缩短负面清单的长度，另一方面要落实以备案为主、核准为辅的对外投资管理体制，完善事中和事后监管，减少行政干预。打铁还需自身硬，只有当中国以身作则地实现了新规则，才能在“一带一路”的投资合作中实现以倡议指导合作、用规则携手共赢。

① 石静霞：《国际贸易投资规则的再构建及中国的因应》，《中国社会科学》，2015年第9期，第128—145页。

外交关系对中国对外贸易的实证影响

国际经济学院　张翠珍
中国土木工程有限公司　杨　青

一、引言

得益于经济全球化和自身的改革与开放，我国国民经济总量持续高速增长，国内生产总值（GDP）从1978年的3650.2亿元上升到2014年的636138.7亿元，增长了174倍，年均增长率逾10%，创造了世界经济发展的奇迹。① 其中，对外贸易功不可没。1978—2014年，我国货物进出口总额由355亿元增长到264334.5亿元，年均增长率20%，远超同期GDP的增长速度。② 同时，如图1所示，中国对外贸易依存度从1978年的9.7%提升到2006年的64.8%，之后贸易的比重开始下降，但仍在40%以上。

在此背景下，关于中国对外贸易影响因素的研究方兴未艾，一些研究借助引力模型发现，中国与贸易伙伴的经济规模、地理距离均对中国对外贸易有显著影响。此外，人均GDP（盛斌、廖明

① 中国统计局官网，http://data.stats.gov.cn/easyquery.htm?cn=C01，2015年12月12日登录。
② 中国统计局官网，http://data.stats.gov.cn/easyquery.htm?cn=C01，2015年12月12日登录。

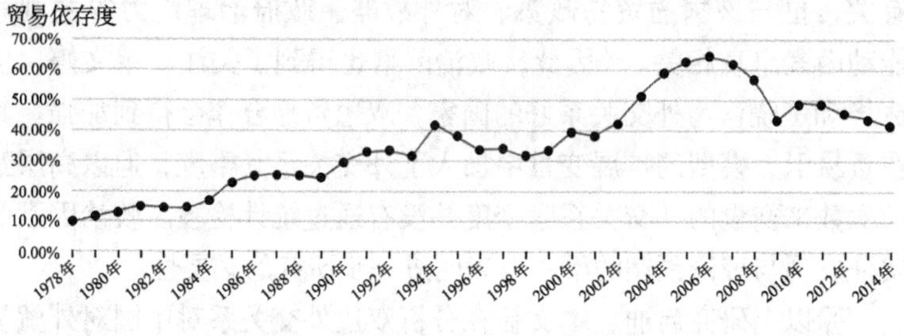

图1　1978—2014年中国的贸易依存度

资料来源：中国统计局官方网站。

中，2004[①]；黄烨菁、张煜，2008[②]；高金田、曹春兰，2008[③]；王晓，2008[④]）、中国与贸易伙伴是否在同一优惠区（林玲、王炎，2004[⑤]；盛斌、廖明中，2004；史朝兴、顾海英，2006[⑥]；郝景芳、马弘，2012[⑦]）、贸易伙伴国在华投资额（罗良文等，2014[⑧]）等因素也对中国对外贸易有影响。根据贸易政治学的观点，一国对外贸易的规模、方式、种类和收益情况在很大程度上与该国的资源禀赋、交通等基础设施建设、气候条件、地理位置等客观和物质基础

① 盛斌、廖明中：《中国的贸易流量与出口潜力：引力模型的研究》，《世界经济》，2004年第2期。

② 黄烨菁、张煜：《中国对外贸易新趋势的实证分析——基于扩展型贸易引力模型》，《国际经贸探索》，2008年第2期。

③ 高金田、曹春兰：《基于引力模型的中国双边贸易分析》，《中国海洋大学学报（社会科学版）》，2008年第3期。

④ 王晓：《中国双边贸易的分析和政策含义——基于贸易引力模型的检验》，《世界经济情况》，2008第11期。

⑤ 林玲、王炎：《贸易引力模型对中国双边贸易的实证检验和政策含义》，《世界经济研究》，2004年第7期。

⑥ 史朝兴、顾海英：《加入WTO对中国双边贸易增长贡献的实证研究——兼论影响中国双边贸易增长的因素》，《财贸研究》，2006年第3期。

⑦ 郝景芳、马弘：《引力模型的新进展及对中国对外贸易的检验》，《数量经济技术经济研究》，2012年第10期。

⑧ 罗良文、雷鹏飞、潘雅茹：《基于扩展引力模型的我国外贸影响因素分析》，载程恩富等：《外国经济学说与中国研究报告》，北京：社会科学文献出版社，2014年。

有关，也与该国的贸易政策、对外战略、政府治理能力等主观和能动因素息息相关。① 因此，政治因素也得到了关注。单文婷、杨捷② 和王晓认为外交关系好的国家，双边贸易合作会得到加强。其在贸易引力模型的扩展变量中加入了外交关系紧密度，但以高层互访次数来衡量的外交关系紧密度并没有通过统计检验。政治因素的实证发现与理论预期的不一致表明进一步研究的必要性。

受以上研究启迪，本文旨在分析双边外交关系对中国对外贸易的影响。本文第二部分梳理中国对外贸易的影响因素的文献，第三部分是实证分析模型与数据，第四部分是结果讨论，全文结论在第五部分。

二、影响中国对外贸易的可能因素

丁伯根（Tinbergen）和波伊豪宁（Poyhonen）最早将引力模型用于国际贸易流量的研究，他们发现，国家间的贸易流量规模与两国的经济总量成正比，而与两国的地理距离成反比。其中，出口国的经济总量反映了潜在的供给能力，进口国的经济总量反映了潜在的需求能力，双边距离（运输成本）则构成了两国之间的贸易阻力。此后，很多研究者尝试用其他经济变量替代GDP，例如人均GDP、GNP等，或者加入更多与双边贸易相关的变量，贸易引力模型得以不断发展。目前研究对贸易流量影响的因素主要包括经济、制度、自然、社会和政治变量，而所有这些因素也都体现在了以中国对外贸易为对象的研究中。

---

① 贺平:《贸易政治学研究》,上海：上海人民出版社，2013年，第9—10页。

② 单文婷、杨捷:《引力模型在中国与东盟贸易中的实证分析》,《亚太经济》，2006年第6期。

表1　影响贸易流量的因素——基本的贸易引力模型

<table>
<tr><th>研究者</th><th>影响因素</th><th>变量</th><th>影响</th><th>模型</th><th>解释说明</th></tr>
<tr><td rowspan="2">丁伯根（Tinbergen,1962）波伊豪宁（Poyhonen,1963）</td><td>经济规模</td><td>两国GDP</td><td>促进(+)</td><td rowspan="2">$T_{ij}=A\ (Y_iY_j/D_{ij})$</td><td rowspan="2">$T_{ij}$表示国家i对国家j的进出口额；$A$是常数；$Y_i$、$Y_j$表示国家i、国家j的GDP D_{ij}表示国家i与国家j之间的距离。</td></tr>
<tr><td>运输成本</td><td>地理距离</td><td>阻碍(–)</td></tr>
</table>

表2　影响中国对外贸易流量的其他因素——扩展的贸易引力模型

<table>
<tr><th>因素</th><th>指标</th><th>预期影响</th><th>文献</th><th>实证发现</th></tr>
<tr><td rowspan="8">经济变量</td><td rowspan="4">人均GDP</td><td rowspan="4">促进（+）</td><td>黄烨菁、张煜（2008）</td><td>显著</td></tr>
<tr><td>高金田、曹春兰（2008）</td><td>显著，但贸易伙伴国人均GDP对中国贸易规模的影响远小于GDP的影响</td></tr>
<tr><td>盛斌、廖明中（2004）</td><td>显著，但对中国贸易的影响很小</td></tr>
<tr><td>王晓（2008）</td><td>显著，相对于GDP，人均GDP对中国对外贸易促进的影响很小</td></tr>
<tr><td>实际GNP</td><td>不确定</td><td>孙灵燕、李荣林（2011）</td><td>中国GNP对出口到亚洲和北美洲地区的贸易有较大的正向影响，对进口贸易的影响不明显；伙伴国GNP对出口到亚洲、欧洲和北美洲地区的贸易有正向影响，对从这些地区的进口贸易影响不显著</td></tr>
<tr><td rowspan="2">人均GDP之差</td><td rowspan="2">阻碍（–）</td><td>盛斌、廖明中（2004）</td><td>不显著</td></tr>
<tr><td>王晓（2008）</td><td>显著</td></tr>
</table>

续表

因素	指标	预期影响	文献	实证发现
经济变量	人均收入	促进(+)	罗良文等(2014)	不显著
	人均收入之差	不确定	王铠磊(2007)	不显著
		促进(+)	罗良文等(2014)	不显著
	发达国家	不确定	林玲、王炎(2004)	不显著
		不确定	罗良文等(2014)	不显著
	在华直接投资	促进(+)	罗良文等(2014)	显著
	贸易依存度	促进(+)	罗良文等(2014)	显著，贸易伙伴国的贸易依存度对中国出口有正向显著影响
	人民币汇率	不确定	白万平等(2010)	人民币对出口的影响因贸易伙伴的不同而不同：人民币汇率变动对出口中国香港地区、美国和英国有显著影响，对向德国和日本的出口的影响不显著
			孙灵燕、李荣林(2011)	人民币实际有效汇率上升对我国往亚洲、欧洲和北美洲的出口比重下降影响不大；对我国从亚洲进口比重变化有显著负向影响，对从欧洲和北美洲进口比重变化有正向作用

续表

因素	指标	预期影响	文献	实证发现
制度变量	是否在同一优惠区（经济组织）	促进（+）	王晓（2008）	显著，中国与贸易伙伴国属于同一贸易集团时，贸易流量上升
			王铠磊（2007）	ASEAN不显著；APEC显著，对中国贸易流量正向影响
			高金田、曹春兰（2008）	显著，中国与贸易伙伴同为APEC成员对中国贸易具有很大促进作用
			史朝兴、顾海英（2006）	加入WTO对中国与WTO成员之间的双边贸易影响显著，贸易伙伴为APEC成员对中国与区内成员间的双边贸易具有很大的推动作用
			盛斌、廖明中（2004）	APEC和ASEAN对中国贸易有显著正向影响，NAFTA影响不显著
			林玲、王炎（2004）	显著，中国与贸易伙伴同为APEC成员对中国贸易具有很大促进作用
			郝景芳（2012）	加入WTO对中国与WTO成员之间的双边贸易正向影响显著
			黄烨菁、张煜（2008）	显著。中国与特定国家之间签订的自由贸易协定对双边贸易流量有正效应
			罗良文等（2014）	不显著
	贸易政策	不确定	孙灵燕、李荣林(2011)	平均出口退税率、平均进口关税率对中国对外贸易影响不显著

续表

因素	指标	预期影响	文献	实证发现
自然变量	国土面积	阻碍（–）	林玲、王炎（2004）	显著，国家面积越大，对贸易的阻力越大
	共同边界	不确定	王铠磊（2007）	出口国和我国有共同边界对两国贸易流量的影响不显著
		促进（+）	王晓（2008）	不显著
	是否临海	促进（+）	罗良文等（2014）	显著。贸易伙伴临海对中国出口有显著影响
社会变量	贸易国人口	促进（+）	陈师等[①]（2011）	显著。各国人口规模对于国际贸易有显著影响
		不确定	林玲、王炎（2004）	不显著
		不确定	王铠磊[②]（2007）	不显著
	殖民史	促进（+）	王晓（2008）	不显著
	贸易相似	不确定	王晓（2008）	贸易相似指数对贸易影响不显著
			黄烨菁、张煜（2008）	显著，贸易相似指数为负，说明产业内贸易程度越高，贸易流量越大
政治变量	外交关系紧密度	促进（+）	单文婷、杨捷（2006）	不显著
			王晓（2008）	不显著

如表2所示，已有的研究结论并不统一。例如，用我国是否与

① 陈师、王宇飞、李珍：《我国国际贸易的相关金融影响因素研究——基于出口贸易引力模型实证分析》，《中国商贸》，2011年第6期。

②

贸易伙伴在同一优惠区（经济组织）衡量的制度变量、用伙伴国是否临海及国土面积衡量的自然变量、以贸易国人口衡量的社会变量在有的研究中有显著影响，而在有的研究中不显著。另外，以外交关系的紧密度衡量的政治变量在目前的两项研究中均不显著。

三、回归模型与数据

根据贸易政治学的思想，贸易干预政策的福利效果比自由放任的贸易政策更优，由此导致贸易政策收入分配效应促使政治市场中的参与者（政府、公众、选民、利益集团等）根据各自的既定目标和利益对新贸易政策的需求和供给、关税率、非关税壁垒等作为贸易政策的“价格”在政治市场上出清，最终达到均衡稳定状态，从而决定贸易政策选择的质量和数量。[①] 此外，随着各国经济对对外贸易依赖程度的加深，贸易不仅是一个国际经济问题，还是国际政治问题，因为“国际贸易的交换不仅仅是市场力量及与之相关的供求关系造成的，还是经济与政治在国际和国内多重博弈的结果”。[②] 通常，外交除为政治利益服务外，也致力于对外国政府政策和管理决策施加影响，成为影响一国制定和调整与他国贸易往来的手段。[③] 此外，格林德尔[④] (Grindle, 1989) 提出对于集团主义特征下的发展中国家，“国家中心论”比“社会中心论”更适合成为分析的范式。据此，我们相信，我国的外交关系可能对中国对外贸易有影响。实际上，盛斌、廖明中（2004）发现，中国与其他国家或

---

① 盛斌：《国际贸易政策的政治经济学：理论与经验方法》，《国际政治研究》，2006年第2期，第76—77页。

② Susan Strange, *State and Markets: An Introduction to International Political Economy*, ed. London; Pinter Publishers, 1988.

③ 张丽娟：《试论贸易与政治的相互渗透及实现途径》，《太平洋学报》，2005年第6期，第58页。

④ Grindle, M.S.,“The New Political Economy:Political Economics and Negative Politics”, Policy, Planning, and Research Working Paper, 304,World Bank.

地区实际出口贸易不足的原因中约有5.8%未能被引力模型所解释，并且对于中国与某些国家或地区其残差比例还比较高，他们认为自身模型可能遗漏了不便量化的双边政治、历史等因素。而单文婷、杨捷（2006）、王晓（2008）都验证了外交关系的影响，只是其影响并不显著。

受以上研究的启发，我们借助引力模型，分析经济规模、地理距离、外交关系三个因素对我国对外贸易的影响。本文主要回答以下三个问题：

1. 外交关系促进还是阻碍双边贸易的发展？

2. 与经济规模和地理距离相比，外交关系的影响是大还是小？

3. 在不同时间阶段，外交关系对外贸的影响是否一致？

(一)模型及变量

为分析外交关系对中国对外贸易进出口额的影响，并避免其他变量的干扰，本文在最基本的贸易模型中只引入与外交关系有关的解释变量，采用的引力模型为：

$$LnT_{ijt} = \alpha_0 + \alpha_1 LnY_{it} + \alpha_2 LnY_{jt} + \alpha_3 LnD_{ijt} + \alpha_4 X_{ijt} + \varepsilon_{ijt} \quad (1)$$

式（1）中，Xijt表示t时期i国与j国的外交关系变量集合，本文选取外交层级（Hierarchy）和外交事件（Affairs）两个指标；α_0、α_1、α_2、α_3和α_4是相应变量的回归系数；ε_{ijt}是随机扰动项。

表3　解释变量

解释变量	含义	理论依据	预期影响
Y_{it}	t时期出口国的名义GDP	反映一国的供给能力，经济规模总量越大，潜在出口能力越大，双边的贸易流量越大	+
Y_{jt}	t时期进口国的名义GDP	反映一国的需求能力，经济规模总量越大，潜在进口能力越大，进而双边的贸易流量越大	+

续表

解释变量	含义	理论依据	预期影响
Di_{jt}	t时期的两国首都之间的物理距离	距离的远近反映贸易成本的高低，是货物贸易往来的阻碍因素	–
Hierarchy	外交关系层级	外交层级越高，代表双边外交关系越紧密，政治互信越强，经济合作越多越深入，贸易往来的政策指令性优惠越多，双边贸易流量越大；反之，双边贸易流量越小	+
Affairs	外交事件	中国与不同国家的外交事件大多是友好性质的正面事件，但某些时间段也会出现影响双边关系的负面事件，所以不能判定外交事件对双边贸易流量增加的影响是正向还是负向	不确定

本研究的被解释变量是中国与贸易国的贸易流量，解释变量包括两国的国内生产总值、两国首都之间的物理距离、两国的外交层级及外交事件。表3对全部解释变量做了解释，并给出了期望的影响方向。在此，特别对外交关系层级（Hierarchy）和外交事件（Affairs）做出如下说明。

1．外交层级

外交层级并没有统一的官方划分标准，而且据作者所知，目前在国际关系领域对不同外交关系进行层级划分尚是空白。因此，为选取合适的指标衡量外交关系，本文对中国外交部网站发布的相关资料进行整理、分析，尝试性地将中国与不同国家在不同时间的外交关系划分为7个层次，从低到高分别为：建交关系、合作关系、战略性合作关系、伙伴关系、全面伙伴关系、战略伙伴关系、全面战略伙伴关系。例如，中国与韩国1992年建交，1998年建立合作伙伴关系，2003年提升为全面合作伙伴关系，2008年再一次提升为战略合作伙伴关系；中国与南非1998年建交，2000年建立了伙伴关系，2004年两国确立为战略伙伴关系，2010年两国进一步提升为全面战略伙伴关系。

为更准确衡量外交层级的差异，我们未用虚拟变量，而通过赋值将外交层级数量化。本文依照中国与其他国家的联合声明中不断提升的外交层级为依据，设定了一个确定的层级分值表，主要考虑如下。第一，两国外交关系层级的上限为90。虽然两国外交层级的理论上限为100分，但两国之间的关系不可能亲密到如同一个国家，如果达到了这种程度，就可以视作两国形成了一个新的联邦国家。第二，两国外交关系层级的下限为10。自第二次世界大战宣告结束以来，没有发生大的世界性战争。20世纪90年代以来中国以自身经济发展的大局为重，没有与他国发生大规模的军事冲突，一直在力保自身政治、军事稳定的同时，努力塑造良好的经济环境。而且，中国与一些国家没有建立正式的外交关系之前，两国之间也不是敌对关系，还可能有民间往来，所以在本模型中未建交前两国的外交层级，并未取0而是10。第三，原则上本文将两个相邻层级之间的间隔分值设定为5。但考虑到与中国建立伙伴关系的国家多是中国的邻国或国际上有影响力的国家（组织），所以在赋值方面，由战略合作（分值为30）上升为伙伴关系时，分值增加10，伙伴关系分值为40。另外，因中国坚持“不结盟”原则，最高外交关系为全面战略伙伴关系，分值为65。由此，本文外交层级的赋值区间为[10，65]，详见表4。

表4　外交关系层级划分和分值表

外交关系层级	分值	示例
建交关系	20	中国—韩国 建交（1992） 中国—南非 建交（1998） 中国—哈萨克斯坦 建交（1992）

续表

外交关系层级	分值	示例
合作关系	25	中国—澳大利亚 全面合作关系（1999） 中国—印度尼西亚 睦邻互信全面合作关系（1999） 中国—越南 睦邻友好、全面合作关系（1999） 中国—菲律宾 睦邻互信合作关系（1996）
战略性合作关系	30	中国—沙特阿拉伯 战略性合作关系（2006） 中国—菲律宾 战略性合作关系（2005）
伙伴关系	40	中国—日本 友好合作伙伴关系（1998） 中国—韩国 合作伙伴关系（1998） 中国—欧盟 合作伙伴关系（1998） 中国—俄罗斯 建设性伙伴关系（1994） 中国—南非 伙伴关系（2000）
全面伙伴关系	45	中国—韩国 全面合作伙伴关系（2003） 中国—欧盟 全面合作伙伴（2001） 中国—英国 全面伙伴关系（1998） 中国—加拿大 全面合作伙伴关系（1997） 中国—法国 全面伙伴关系（1997） 中国—智利 全面合作伙伴（2004）
战略伙伴关系	50	中国—美国 建设性战略伙伴关系（1997） 中国—日本 战略互惠关系（2006） 中国—韩国 战略合作伙伴关系（2008） 中国—俄罗斯 战略协作伙伴关系（1996） 中国—巴西 战略伙伴关系（1993） 中国—印度 战略合作伙伴（2005） 中国—印度尼西亚 战略伙伴关系（2005） 中国—南非 战略伙伴关系（2004） 中国—加拿大 战略伙伴关系（2005） 中国—阿联酋 战略伙伴关系（2012） 中国—安哥拉 战略伙伴关系（2010） 中国—墨西哥 战略伙伴关系（2003） 中国—智利 战略伙伴关系（2012） 中国—哈萨克斯坦 战略伙伴关系（2005）

续表

外交关系层级	分值	示例
全面战略伙伴关系	65	中国—欧盟 全面战略伙伴关系（2003） 中国—德国 全方位的战略伙伴关系（2014） 中国—俄罗斯 全面深化战略协作伙伴关系（2010） 中国—巴西 全面战略伙伴（2012） 中国—英国 全面战略伙伴关系（2004） 中国—南非 全面战略伙伴关系（2010） 中国—法国 全面战略伙伴关系（2004） 中国—意大利 全面战略伙伴关系（2004） 中国—墨西哥 全面战略伙伴关系（2013） 中国—西班牙 全面战略伙伴关系（2005） 中国—泰国 全面战略合作伙伴（2012）

资料来源：根据外交部网站中的国家（地区）资料http://www.fmprc.gov.cn/mfa_chn/gjhdq_603914/gj_603916/

2012年9月31日至2014年4月12日登录。

2．外交事件

定量分析是国家关系研究中的一种重要方法，事件分析属于定量分析的一种，其主要特征有：第一，事件分析是一种归纳分析方法，即从个别出发来实现找寻到一般规律的目的。第二，事件分析是一种描述性定量分析方法，而不是推论分析，即事件分析仅对事件的赋值做一定的因果考虑，但其本身并不做直接的因果判断。第三，事件分析是一种科学的分析方法。同时，事件分析应该使用经验数据，这样可以判断与现实的吻合程度。如果事件赋值能够达到相关的客观性，则该事件赋值就符合科学测试的可重复性原则进而，设计合理的事件分析还可以帮助对预测双边关系起到重要参考。本文在阎学通、周方银①（2004）国家双边关系事件分值基准

① 阎学通、周方银：《国家双边关系的定量衡量》，《中国社会科学》，2004年第6期。

表的基础上，对外交事件进行了适当的补充和修改，形成了新的外交事件量化的基准表，见表5。

表5 外交事件分值基准表

分值	正面事件	分值	负面事件
4.5	恢复外交关系	-4.5	断交
3	达成边界协定 撤回大使后恢复互派大使	-3	召回大使 驱逐对方外交官
1.5	国家领导人（总统、国务卿、主席、总理）国事访问、正式访问	-1.5	以政府声明的形式表示极大愤慨和严厉谴责，并提出最强烈抗议
1	国家最高领导人（总统、国务卿、国家主席、总理）顺访 国家副总统、副国务卿、副主席、副总理进行正式访问、友好访问	-1	以立法形式干涉对方内政 向对方基本政治立场挑衅 在联合国安理会对对方行使否决权
0.8	国家副总统、副国务卿、副主席、副总理进行非正式访问	-0.8	对方政府以军事政策等形式干涉内政
0.6	国家最高领导人在国际会议中会晤， 外长正式访问 总理级例行会议	-0.6	外交发言：强烈反对、极大愤慨和坚决反对 提出抗议；副外长提出严正交涉 召见对方大使提出抗议
0.5	启动重要问题谈判 副总理级例行会议 外长级正式会谈	-0.5	外交部门发出严重警告 外交发言：强烈不满和坚决反对 大使提出严正交涉 在对方使领馆前游行示威
0.4	副外长级访问 副外长级正式会谈、磋商 外交部就重要问题谈判取得进展 外交部发表政府声明，支持对方在国际领域的行动与政策	-0.4	外交发言：坚决反对、强烈反对、抨击对方的行为、表示强烈关注 以外交发言等形式或外长出席国际会议期间，在重要国际问题上，明确反对对方的政策立场

续表

分值	正面事件	分值	负面事件
0.3	外交发言：充分肯定和赞赏 外长在国际会议或陪同国家领导人访问期间见面 首脑通电话 外交部举行有利于双边关系的经贸活动、大型民间活动	-0.3	外交发言：提出交涉、严重关切、严正驳斥
0.2	外交发言：表示赞赏和支持 外长通电话 外长级例行会议 副外长级访问与会谈 局长级磋商 最高领导人会见到访的部长级官员、前国家最高领导人 最高领导人到对方使馆悼最高领导人，在国际会议期间寒暄	-0.2	外交发言：声明对方做法毫无道理，批驳对方指控，表示反对、强烈不满、谴责、关注，表示对方做法是不能接受的
0.1	外交发言：表示欢迎 外长致函电表示慰问之类 外长出席已故总统等国家领导人的葬礼活动 外长会见前国家领导人、到访官员 副外长级共同举行外事活动 副外长通电话	-0.1	外交发言：严正声明己方观点，对对方行为表示不满，认为对方说法是不负责任，没有依据的，认为对方某种方法是别有用心的，表示关切

注：本表参照阎学通、周方银:《国家双边关系的定量衡量》,《中国社会科学》，2004年第6期，第101—102页；国事访问只是外交礼节上比正式访问高，但是对双边政治关系、经贸影响并没有太大差别，所以采用一个事件分值。

(二)样本与数据

本文选取中国及2012年与中国进出口额排名30名内的国家作

为研究对象，时间跨度为1991—2012年。2012年中国和该30个国家的进出口额之和（26767亿美元）占中国全年进出口额（38671亿美元）的69%,① 1991—2012年间，中国与这30个国家的进出口总额占中国进出口总额的68%以上② 具有代表性。另外，这30个国家地处全球各大洲，地理分布广泛。

表6 样本国家的地区分布

地区	个数（计30个）	样本国家	比重（%）
亚洲	13个	日本、韩国、马来西亚、沙特阿拉伯、泰国、新加坡、印度、印度尼西亚、越南、阿联酋、伊朗、菲律宾、哈萨克斯坦	60
欧洲	9个	德国、俄罗斯、荷兰、英国、法国、意大利、比利时、瑞士、西班牙	80
北美洲	2个	美国、加拿大	95
非洲	2个	南非、尼日利亚	49
拉丁美洲	3个	巴西、墨西哥和智利	60
大洋洲	1个	澳大利亚	90

注：比重指中国与该洲内的样本国家之间的进出口额占中国与该洲所有国家（地区）的进出口总额的比重。

本文所使用数据来源见表7。

表7 数据来源

指标	数据来源
进出口额	中经网统计数据库（http://www.nlc.gov.cn/）

① 中国统计局官网，http://data.stats.gov.cn/workspace/index?m=hgnd，2014年1月26日登录。

② 中国统计局官网，http://data.stats.gov.cn/workspace/，中国国家数字图书馆——中经网统计数据库，http://www.nlc.gov.cn/，2014年1月27日登录。

续表

指标	数据来源
各国GDP	世界银行的世界发展指标在线数据（http://data.worldbank.org/）
贸易伙伴国首都之间的距离	通过网站在线的“距离计算器（http://www.indo.com/distance/index.html）计算
外交层级	中华人民共和国外交部网站（http://www.fmprc.gov.cn/mfa_chn/）
外交事件	中华人民共和国外交部网站（http://www.fmprc.gov.cn/mfa_chn/）

四、外交层级、外交事件对中国对外贸易的影响

如前所述，本文使用外交层级和外交事件两个指标衡量两国外交关系的紧密程度。为此，我们做了两个回归模型的检验。模型1的解释变量包括两国GDP、地理距离及外交层级，模型2的解释变量包括两国GDP、地理距离、外交层级及外交事件。也就是说，模型1主要考察外交层级对对外贸易的影响，模型2同时考察外交层级、外交事件对双边贸易的影响，回归结果如下。

（一）外交层级对我国对外贸易有显著正向影响

表8显示了模型1的回归结果。在1%的显著水平下，中国GDP、伙伴国GDP、中国与伙伴国的首都间的距离、两国的外交层级都对双边贸易有显著影响，与预期一致。其中，中国GDP、伙伴国GDP对双边贸易有正向促进作用，而两国首都的空间距离则对双边贸易有显著负向影响。这表明贸易双方的经济规模对进出口额增加有促进作用，地理距离远对双边贸易有阻碍作用。

表8 模型1回归结果

变量	系数	标准差
CYHY	−29.316*** (−21.380)	1.371
LnY_{it}	1.015*** (30.133)	0.034
LnY_{jt}	0.745*** (14.086)	0.054
$LnDi_{jt}$	−0.745*** (−5.108)	0.146
LnHierarchy	0.059*** (2.646)	0.022
调整的R^2	0.931	

注：***代表在10%、5%和1%下显著；括号内为T检验值。

外交层级通过了统计显著性检验，且系数为正，说明两国的外交层级提升，外交关系越好越紧密，越有利于贸易流量的增加，进而促进中国对外贸易的发展。比较各解释变量的系数，我们发现，相对于经济规模和地理距离，外交层级对中国对外贸易的影响较小。

为研究外交层级在不同阶段对双边贸易流量的影响，本文以2000年为分界点，将样本划分为两个亚样本，即1991—1999年和2000—2012年，分别做回归。两个回归模型的解释变量均为两国GDP、地理距离及外交层级，结果如下：

表9 回归模型1-1和1-2的结果

LnHierarchy	系数	标准差	调整的R^2
1991—1999	−0.076120 (−0.906100)	0.084008	0.701083

续表

LnHierarchy	系数	标准差	调整的R^2
2000—2012	0.269378*** （3.289594）	0.081888	0.933466

注：*** 代表在10%、5%和1%下显著；括号内为T检验值。

根据表9，在1%的显著性水平下，2000—2012年的外交层级通过统计检验且系数为正；而在1991—1999年的样本中，外交层级没有通过统计显著性检验，且系数为负。这说明外交层级对中国对外贸易的影响在不同时间段不一样，而且高级别的外交层级更有利于中国对外贸易的发展。

2000年前，中国与几个目前比较大的贸易伙伴国的建交时间尚短。例如，1992年中国与韩国、哈萨克斯坦建交，1998年与南非建交。而且，同期中国除了与俄罗斯（1996年建立战略协作伙伴关系）、巴西（1999年战略伙伴关系）建立了较高层级的外交关系外，与其他国家的外交关系还处于中低级阶段，此时两国的外交关系对中国对外贸易的进出口额影响并不显著。

(二)外交事件对我国对外贸易有显著负向影响

在模型1的基础上，我们将外交事件也引入引力模型中，其实证结果如下所示：

表10　回归模型2结果

变量	系数	标准差
	–29.453*** (–19.97)	1.542
LnY_{it}	1.015*** （30.015）	0.034

续表

变量	系数	标准差
LnY_{it}	0.771*** (12.390)	0.062
$LnDi_{jt}$	–0.754*** (–5.392)	0.140
LnHierarchy	0.089*** (2.934)	0.030
Affairs	–0.028*** (–3.173)	0.009
调整的R^2	0.921	

注：***代表在10%、5%和1%下显著；括号内为T检验值。

模型2结果显示，在1%的显著性水平下，所有解释变量都通过了检验，其中中国GDP、伙伴国GDP、中国与贸易伙伴国的外交层级的系数为正、中国与贸易伙伴国的首都间距离的系数为负，与预期一致，也和模型1的结果相符。

比较各解释变量的回归系数，发现不同变量的影响程度不同，由大到小依次为：中国GDP、贸易伙伴国GDP、中国与贸易伙伴国的地理距离和两国间的外交层级。

外交事件的回归系数为负，说明两国间的外交事件对双边贸易流量产生负面影响。虽然两国间的外交事件有正面事件，也有负面事件，但1991—2012年间，世界相对和平，除了偶尔因钓鱼岛、西藏等问题与其他个别国家有暂时性摩擦外，中国与大多数国家间的政治、军事关系相对稳定、友好。也就是说，虽然理论上外交事件对两国双边经贸的影响可以为负，但与1991—2012年的实际情况不符，可能与以下原因有关。

外交事件与外交层级存在共线性。随着外交层级的提升，双边政府高层间的交往互动更频繁，而且随着外交层级的步步发展深入，两国不断加强磋商，如定期的战略与经济对话、副总理级会议、副外长级的会议机制的建立。同样，随着外交往来的深入，也有助于双边外交关系的发展及外交层级的提升。为检验两者是否存在共线性，本文在剔除外交层级变量后，对回归模型重新进行拟合，发现在该模型中外交事件变量的系数依然为负，由此可以排除外交事件与外交层级共线性导致系数为负的情况。

变量的代表性不够。外交事件虽然是对外交关系好坏最直接的反映，但外交事件的发生不仅基于对本国经济发展的考量，也可能与政治、军事方面的考量有关。因此，当有些年份与某些国家侧重政治、军事方面的外交往来时，外交事件对经济的直接影响程度就会降低，对双边贸易的作用就会减弱。而且在特殊情况下，为了政治、军事利益，国家会暂时牺牲经济利益，外交事件就会对双边经贸产生负面影响。

外交事件数据的残缺。因为贸易伙伴的国情原因，中国与其建交相对较晚（如中国与南非1998年建交，1991年苏联解体后中国重新与俄罗斯联邦建交），两国虽然在建交前有贸易往来，但是之前年份的外交事件数据残缺。中国外交部是获取外交事件最权威、资料最完整的来源，但可能由于一些原因，外交双边往来从近年来才开始频繁，所以网站只公布了近几年的事件（例如，与沙特阿拉伯双边外交事件汇总从2006年开始，伊朗的从2010年开始，阿联酋的从2011年开始），这就造成了在面板数据中，其他变量的观察值有656或660个，但是外交事件变量的观察值只有473个，没有有效的平衡观测样本，且不能做双因素的随机效应模型。

本文对外交事件分值基准的设定不够合理。目前国际关系学对于外交事件的量化并没有确定的衡量标准，本文选取的外交事件也不够详细和全面，同时由于这种方法受到研究者的个人主观判断的影响。定量衡量的方法基本是研究者个人人为的确定，这会造成强主观因素的强介入。如果对某一事件估计过高或估计过低，则会对整个双边关系的估计出现重大偏差。①

五、结论

改革开放以来，对外贸易一直是带动中国经济发展的重要力量。利用合适的计量工具，对中国对外贸易加以研究是宏观经济的热点课题。其中，中国对外贸易值得关注的热点之一是哪些因素对中国贸易产生影响。在当今的贸易政治趋势下，国际贸易交往受到政治意图和经济利益的交互影响，在自由贸易区（FTA）谈判、政府采购、贸易制裁等诸多案例中，在经济因素之外，政治、安全、外交等非经济因素起了重要作用，在一些案例中甚至取代前者成为首要考量。② 贸易引力模型是研究贸易流量的基础模型，自提出40多年以来，已经得到了广泛的实证检验和发展了坚实的理论基础。所以，本文从贸易政治学的视角，采用贸易引力模型，探析双边外交关系对中国对外贸易的影响。

本文以2012年中国的前30大贸易伙伴为研究对象，利用1991—2012年中国与这30个贸易伙伴的数据，借助扩展的贸易引力模型，发现中国GDP、贸易伙伴国GDP和中国与贸易伙伴国间的地理距离是影响中国对外贸易进出口额的主要因素。其中，经济规模GDP对进出口额增加有促进作用，地理距离有阻碍作用。回归结果还显示，一方面中国与贸易伙伴国的GDP总量上升均对双边贸易流量有促进作用，但中国的经济总量对双边贸易进出口额的影响更大；另一方面，两国国内生产总值对双边贸易流量的正向影响略大于距离的阻碍作用，说明随着科技进步和交通运输的发展，

① 阎学通、周方银:《国家双边关系的定量衡量》,《中国社会科学》,2004年第6期，第101—102页。转引自秦亚青:《国际关系的定量研究与事件分析方法》，载《中国社会科学》，2005年第1期，第135—137页。

② 贺平:《贸易政治学研究》,上海：上海人民出版社，2013年，第6页。

地理距离对两国的双边贸易的阻碍作用减弱了。

结合中国的情况，本文增加了代表外交关系的变量——外交层级和外交事件。根据仅引入外交层级的贸易引力模型的结果，外交层级系数为正，说明两国外交层级的上升会增大两国的贸易流量。外交层级的系数小于地理距离和经济规模变量的系数，说明从对中国对外贸易进出口额的影响力上看，外交层级要弱于经济规模和地理距离。当然，我们并不能因此忽视外交关系对两国经济的影响，因为外交关系不仅有利于双边贸易流量，也会带动投资，从而带动两国的经济发展。

不同时间段的外交层级对外贸的影响并不一致。1991—2000年，两国外交关系对中国对外贸易的进出口额影响并不显著。21世纪以来，随着交往深入、政治深化、经济和技术合作的加强、军事关系的稳定、外交关系的成熟，中国与许多国家提升了双边的外交层级，从而推动了双边贸易的发展。这说明了相对较高的外交层级对贸易流量的影响更大。

将外交层级和外交事件放在一个回归模型中探析其对中国对外贸易的影响，发现外交事件对两国双边贸易流量的影响为负，理论上虽成立，但与1991—2012年的实际情况不符，可能的原因包括：外交事件与外交层级存在的共线性、模型中变量的选取不够具有代表性、外交事件数据的残缺、外交事件分值基准的设定不够合理和根据分值基准进行事件量化过程中的失误。

改革开放后，对外贸易一直是我国参与经济全球化的重要桥梁和手段，而且对外贸易拉动了中国经济的增长、促进了国内实现最优配置和产业结构升级。同时，中国对外贸易的发展离不开政治、军事、外交的支持。在近30多年里，中国外交不但为中国的政治稳定、军事和平与经济发展、现代化建设创造了良好的外部环境，还对中国的对外经贸合作、中国企业“走出去”起了很重要的作用。在中国加快转变发展方式、全面深化改革的进程中，领导人从战略高度规划和统筹的角度，逐渐从“反应式”外交变为“主动筹划型”外交，相信不断推进的中国特色大国外交对中国对外贸易的影响也会更大。

中国英语学习者的学习文化探究[①]

英语系　黄文红

“学习文化”（Culture of Learning）指某一群体受到特定社会文化传统影响而长期形成的对学习的目的、目标、方式、过程和结果的认识以及在这些认识的指导下采取的学习行为。换言之，“学习文化”是一个人群惯常的学习行为模式。学习文化同时涉及学习与文化两种要素，系由文化的特质与学习经验共同构筑而成；鉴于文化具有群体性，学习文化研究关注的是某个学习共同体对学习的总体认识及学习行为的总体特征。

学习文化的相关研究是探讨学习现象和学习问题的新兴范式，它不仅在理论层面为学习的相关研究拓展了视野，也在实践层面有助于诠释学习场域中呈现的问题。

英语学习中的“文化学习”与“学习文化”是两个截然不同的概念。“文化学习”指在学习英语的过程中学习文化，或者通过学习文化来学习语言。而英语学习者的“学习文化”则根植于特定的社会文化传统，是学习者对英语学习的总体认识以及英语学习行为的总体特征。

鉴于中国拥有世界上最大数量的英语学习者，已达3.9亿；此

① 本文系国家社科基金青年项目《我国大学英语学习者‘学习文化’的实证研究及理论阐释》（编号13CYY033）的阶段性成果。

外，中国已经成为世界上最大的留学生生源国。自从学习文化的概念提出以来，中国英语学习者的学习文化受到了西方研究人员的广泛关注，相关研究大量涌现。本文拟首先探究学习文化相关研究的意义，然后总结目前有关中国英语学习者学习文化的相关研究进展，并探讨相关研究的局限性，在此基础上厘清相关研究未来的发展方向。

一、学习文化相关研究的意义

学习文化概念的提出有三重目的：一是突出学习的文化属性，重视不同文化背景的人受到本民族文化传统影响形成的对学习的不同认识；二是详细分析中国英语学习者内隐的对学习的认知，有助于西方教师积极认识和关注中国具有本土特色的外语学习方式；三是呼吁研究人员关注学习者对学习的看法。

我们认为，学习文化概念力图从宏观、全局层面揭示不同学习者群体有关外语学习的本土视角。从理论上而言对消解外语教学研究领域长期存在的西方中心主义倾向，构建符合本民族文化背景的外语教育模式具有重要意义；从实践而言有助于深入理解学习者群体对外语学习的内隐性认识，形成师生、生生之间的良性互动，提升教学质量和学习效果。

二、有关中国英语学习者学习文化的相关研究

目前国内外学者对中国英语学习者学习文化的相关研究并未得出一致结论，主要存在两种观点：积极和消极的学习文化。具体介绍如下：

（一）消极的学习文化

根据现有文献，中国英语学习者消极学习文化的典型特征是：1）死记硬背语言知识；2）尊重和顺从老师；3）课堂上沉默寡言；4）缺乏思辨能力。这与西方推崇的“积极学习文化”（即注重培养技能、课堂上踊跃发言和重视思辨能力培养）格格不入，因此被冠以“消极”的标签。例如，Carson & Nelson① 通过为期六周的写作课堂录像和访谈对比了在美国学习的中国留学生和美国学生在小组协作学习中的沟通方式。他们发现与美国学生相比，中国学生为了维持和谐的人际关系，很少提出不同意见，在小组讨论中沉默寡言，并且缺乏思辨能力。Cortazzi & Jin② 通过文献归纳与直觉判断，指出绝大部分中国学生都将教师视为知识的拥有者与权威，因而在课堂上尊重和顺从老师，很少能够直接向教师发问，质疑教师；通过问卷调查发现，对中国学生而言，好老师的重要特质是知识渊博，关爱学生，而好学生的重要特质是勤奋努力，尊重老师；这与英国学生形成了鲜明对比，他们判断好老师的首要标准是专业技能过硬并拥有个人魅力，好学生则要课上踊跃发言。由此，他们认为中国学生注重获取语言知识，而英国注重培养语言技能。Hu③ 指出源于西方的交际教学法引进中国后没有取得预期效果，最重要的原因是其深层理念与儒家文化传统具有不可调和的冲突，例如，就师生角色定位而言，儒家提倡“一日为师，终身为父”（见《鸣沙石室佚书·太公家教》），推崇教师为中心的教学模式，而交际教学法则主张学生为中心的教学模式；就学习方式而言，儒家注重

① Jane Carson & Gallop Nelson, “Chinese Students’ Perceptions of ESL Peer Response Group Interaction”, *Journal of Second Language Writing* , Vol.5, No.1,1996, pp.1-19.

② Martin Cortazzi & Jin Lixian, “Cultures of Learning: Language Classrooms in China ”, *Society and the Language Classroom* , Cambridge: Cambridge University Press, 1996, pp.169-206.

③ Guangwei Hu, “Potential Cultural Resistance to Pedagogical Imports: The Case of Communicative Language Teaching in China”, *Language, Culture and Curriculum,* Vol.15, No.2, 2002, pp.93-105.

背诵和记忆课本知识，而交际教学法则强调语言技能的培养；Wen & Clement[①] 从中国传统哲学和文化的角度来解释中国学生在课堂上沉默寡言的原因。具体而言，他们认为主要是由如下两方面促成的：一是他人取向的自我，即在人际交往过程中注重维护面子，中国学生总是要考虑一旦发言，他人会如何评价自己；二是顺从权威的学习方式。这主要源于中国古代的学习与考试模式非常注重背诵经典，如四书、五经等。依循这种传统，中国学生在英语学习中，首先倾向于将教师看作知识的传播者与拥有者，而将自身视作知识的接受者。在课堂教学中，教师具有权威角色，主导课堂，而学生则处于从属者的位置；其次，中国学生还具有深厚的语法情结。为了准备考试，他们死记硬背了很多语法规则，并投入了大量精力与时间进行语法练习。在口头交际中，有时他们过分关注语法的正确性而不敢开口讲话。

至于形成这种消极学习文化的原因，大部分研究认为是受到了儒家文化传统（Confucian Heritage Culture，缩写为CHC）的影响。如从师生关系角度而言，传统的儒家理论倡导“一日为师，终身为父”，将教师视为权威，这就导致学生课上尊重和顺从教师，沉默寡言；就学习方式而言，推崇“书读百遍，其义自见”，强调背诵和记忆课本知识，从而导致学生不能独立思考，缺乏思辨能力。

（二）积极的学习文化

另有一部分研究人员则认为中国英语学习者的学习文化与西方并未形成显著差异，二者的差异是细微的。中国英语学习者的学习文化是积极的，具体表现为：1）喜欢思考和提问；2）喜欢师生平等；3）喜欢发表观点；4）良好的思辨能力。例如，Littlewood[②] 调

① Wen W.P. & Richard Clement, “A Chinese Conceptualisation of Willingness to Communicate in ESL”, *Language, Culture and Curriculum*, Vol.16, 2003, pp.18-38.

② William Littlewood,“Students’ Attitudes to Classroom English Learning: A Cross-cultural Study”, *Language Teaching Research*, Vol. 5, No. 1, 2001, pp. 3-28.

查了2656名来自11个国家（8个东亚国家和3个欧洲国家）的大学生对英语学习的态度，以此来考察文化背景对英语学习观念与行为的影响。问卷设计主要集中在三个方面的文化差异：集体主义与个人主义的区别、对权力与权威的不同认知、不同类型的成就动机。结果发现基本上这11个国家的所有受试者都不赞同灌输式的学习方式，欧洲国家学生和亚洲国家学生的回答模式基本相似，而每个国家内部学习者的差异非常大。作者由此认为，过去总是认为亚洲学生是消极外语学习者，甚至代表了一种低级的学习方式的观点是不正确的。Cheng[①] 对中国大陆两所大学的167名英语专业学生进行了问卷调查并与西方的“学习文化”进行对比。问卷采用五级里克特量表的形式，由35个描述项构成，涵盖8个维度：评价优秀英语老师的标准、评价优秀英语学习者的标准、对教师角色的认知、对学生角色的认知、英语学习目标、对课堂学习行为的认识、对有效学习方式的看法、自身学习态度和行为的影响因素。结果表明中国英语学习者展示出很多“积极学习文化”的特征：喜欢讨论而并非单纯依赖死记硬背，注重培养语言技能而并非单纯掌握语言知识；与之类似，Shi[②] 同样采用自编问卷调查了共计400名来自上海的初中和高中学生。问卷采用四级里克特量表的形式，由18个描述项构成，涵盖如下十个维度：对英语学习的总体态度、英语学习的目标、评价优秀英语老师的标准、理想中的师生关系类型、学生眼中教师对学生发问的态度、喜欢的教学方式、对教材内容的看法、学生的学习策略、英语学习的障碍、评价优秀英语学习者的标准。问卷调查结果表明上海中学生尽管具备一些传统中国学生的特征，如追求考试分数，期望教师知识渊博，但同样展示出很多“积极学习

① Xiaotang Cheng, “Chinese EFL Students’ Cultures of Learning”, in Cynthia Lee & William Littlewood, *Culture, Communication and Language Pedagogy*, Hong Kong: Hong Kong Baptist University Press, pp.103-116.

② Lijing Shi, “The Successors to Confucianism or a New Generation? A Questionnaire Study on Chinese Students’ Culture of Learning English”, *Language, Culture and Curriculum*, Vol. 19, No.1, 2006, pp.122-147

文化”的特征：喜欢平等的师生关系而非认同一日为师，终身为父；如果不同意教师或者教科书的观点时，会主动向教师提问；喜欢互动式的教学模式而非教师灌输的模式；并非完全依赖死记硬背而是会根据情况灵活采用多种学习策略。作者因此认为，不应简单将中国英语学习者和西方学习者进行二元对立，或者将西方认同的教育价值观作为标准来衡量中国英语学习者的学习文化；Ha & Li[①]通过深度访谈的方式对4名在澳大利亚学习的80后中国留学生进行了个案研究，指出中国学生的课堂沉默行为并非是受到儒家文化传统中讲面子、集体主义等价值观的影响，他们的沉默行为有多重含义，如：彰显个人权利与对教师的无声抗议等。

三、相关研究的局限性

从如上综述可以看出，国外对中国英语学习者学习文化的研究已有较大进展，但学习文化的具体构成要素没有明确界定，且缺乏信、效度较好的学习文化量具，因此此类研究仍处于初级阶段，深度和广度还亟待进一步加强。具体而言，国外有关中国英语学习者学习文化的研究存在如下不足：

1．研究对象的局限性：多为在海外或港澳台的中国留学生，而较少研究中国大陆的学生，尤其是中国大陆不同地区的学生。Cheng有关中国英语专业大学生的研究样本仅来自北京这一个城市；同样，Shi研究考察的是上海中学生的英语学习文化，而没有涉及大学生或大陆其他中等或不发达城市。这就使我们无法认识和了解中国大学生学习文化的全貌。

2．没有厘清学习文化的具体构成要素：清晰明确的构成要素

① Phan Le Ha & Binghui Li, “Silence as Right, Choice, Resistance and Strategy Among Chinese ‘Me Generation’ Students: Implications for Pedagogy”, *Discourse: Studies in the Cultural Politics of Education*, Vol. 35, No.2, 2014, pp. 233-248.

是研究进一步开展的基础。但外语学习文化究竟由哪些要素构成？这个基本问题至今还没有廓清，这就造成研究范围宽泛且无法系统深入地对比不同国家和地区的外语学习文化。对好老师和好学生的认识是外语学习文化的两大关键构成要素；Cheng编制的学习文化调查问卷涉及八个维度：评价优秀英语老师的标准、评价优秀英语学习者的标准、对教师角色的认知、对学生角色的认知、英语学习目标、对课堂学习行为的认识、对有效学习方式的看法、自身学习态度和行为的影响因素。Shi对上海中学生外语学习文化的调查包含英语学习态度、学习目标、对好老师的认识、对师生关系的认识、对课堂提问的认识、喜欢的学习方式、对教材内容的认识、培养听、说、读、写技能的方式、对语言学习障碍的认识、对好学生的认识。未来应基于上述研究进一步明确外语学习文化的构成要素。

3．研究方法的局限性：目前尚缺乏信、效度较好的学习文化量具，未来一方面要在已有研究的基础上开发信度和效度良好的学习文化量具，以便进行大规模的实证研究调查；另一方面调查对象应该不限于学生本身，还应包括本国教师和其他与教学相关的人员，并将教师和学生的观点进行交叉印证（triangulation），以避免受到“社会赞许性偏见效应”的影响。

4．对儒家文化传统理解的局限性：文化传统是一个民族各种思想规范、观念形态的总体特征。它包含一套复杂的思想体系，内涵十分丰富，不能仅作片面理解。以儒家文化传统为例，上文中提到Hu认为儒家文化传统强调师道尊严；在学习方式上，重视背诵和记忆课本知识。但是儒家同样主张“师不必贤于弟子，弟子不必不如师”。可见，儒家并非认为学生要盲目顺从教师；就学习方式而言，《中庸》中也提出：“博学之，审问之，慎思之，明辨之，笃行之。”并非让学生被动接受课本知识。

四、结语

与国外对中国外语学习者的高度关注相比，国内有关中国外语学习者的研究数量较少，且多停留在引进介绍和理论阐释层面，创新性和实证性研究较少。未来应厘清文化传统影响外语学习的程度与机制，重视对外语“学习文化”内部多元性与动态性的研究，还应挖掘本民族文化传统中有关语言学习的本土性概念，对其进行阐发，使其具有全球关联。

美国文化霸权刍议

——从葛兰西文化霸权的角度分析

英语系　陆晓红

2002年美国学者就曾发出警告“世界各国精英不会改变憎恶美国的态度”，指出美国在政治、经济、军事方面的超强实力不仅让世界生畏，更让世界厌恶而生憎恨。[①] 美国文化对其自身的影响更加深刻而持久，使其拥有了独特的国家目标、价值和身份，且已楔入美国人的思维，渗透进美国人的意识，被民众接受为“正常现实”，生成“自然意识”。美国人乐于谈论他们面对的各种问题，如道德责任、移民与多样性，流露出由衷的自豪感和优越感：作为美国人享有他人难以企及却理所应当的特权。正是这种深刻的“自然意识”影响了美国人对世界的认知。民主和自由让美国人骄傲。自1965年以来，美国已接纳了近2200万合法移民。[②] 美国人口多样化。美国人的价值观发生了重大变化。这些新移民更加包容，在他们的推动下，宗教偏见逐渐消减，种族歧视日益淡化，族裔间更加

① 该论文为2014年度上海外语教育出版社暨中国外语教材与教法研究中心“全国高校外语教学科研项目”之“西方文化霸权研究”的研究成果。项目编号为2014BJ0002A。

Stephen G. Brooks and William C. Wohlforth, “American Primacy in Perspective”, *Foreign Affairs*, July/August 2002.

② 如果算上其他各类移民还应再加上700万—1000万。

友善。基于自由的个人权利得到前所未有的重视与尊重，整个美国社会更积极谋求平等与公正。

然而，“美国民主岌岌可危”的呼声不减反增。这种对民主的威胁并非来自某些国家或恐怖分子，而是根源于美国内部，源自美国人“自然意识”催生的自我满足、不断高涨的个人追求和日益减退的公民参与意识。① 正因为美国人的思维已被久未质疑的文化叙述所主导，他们大谈道德、期望、权利和责任，高论个人奋斗、移民、种族与宗教多样性，却忘记了对深层文化意识，即统治集团所拥有的文化领导权进行理性思维与分析。结果，美国民众坚定地维护着统治阶级的利益，固守着传统的世界观，傲慢而保守，失去了更为理性的国家理想和民族追求。

由少数出版公司垄断的新闻媒体输出的文化叙述，对美国社会产生的巨大影响绝不可小视。它们唯统治集团利益之马首是瞻，扭曲民主的内涵与外延，凸显美国社会存在的文化霸权。这种统治集团通过宣传而非暴力获得的“智识与道德的领导权”，② 也就是葛兰西所说的得到市民社会自发同意而形成的“霸权”。③ 正因为社会统治集团和被统治集团各自利益得到了某种满足，这种彼此同意才成为可能。具体来看，深刻嵌入美国文化中的个人主义不仅影响了社会精英，也影响着大众思维，正是在个人主义基础上社会各集团为实现各自利益达成同意，进而形成某种阻碍社会进步、民主更新的霸权。

诚然，中西方对于“霸权”的认识不同。汉语中，从“王霸之辩”到“称霸”“霸道”，“霸”多有贬义，强调压迫性和非正义性。西方语境下的“文化霸权”源于希腊文中的egemon，指来自

① Robert Wuthnow, *American Mythos*, New Jersey: Princeton University Press, 2006, Introduction p. 2.

② Antonio Gramsci: *Selections from the Prison Notebooks*, eds. &translated, Quintin Hoare and Geoffrey Nowell Smith, London: Lawrence & Wishart, 1971, p.57, http://courses.justice.eku.edu/pls330_louis/docs/gramsci-prison-notebooks-vol1.pdf, 2015-4-1.

③ Ibid., p.12.

别国的统治者。普列汉诺夫（Plekhanov Georgii Valentlnovich）在1883—1884年间首次提出了“文化领导权”，列宁曾在《怎么办？》（1901—1902）和《社会民主党在民主革命中的两种策略》（1905）中，使用了“文化领导权”这一概念。[①] 列宁使用的无产阶级在革命中的领导权既强调对大众宣传的参与，又强调不放弃对资产阶级革命的领导权。直到葛兰西，文化霸权才被作为一个概念提出来，并生成了文化霸权理论。

文化霸权理论在国外研究中处于显学地位，卷帙浩繁。[②] 除了葛兰西提出的文化霸权理论，福柯的知识权力理论、萨义德的东方主义以及亨廷顿的文明冲突论都在不同时期论及文化霸权，延伸了葛兰西的文化霸权概念，丰富了文化霸权理论。福柯的知识权力理论以独特的后现代视角看待权力理论，超越了“国家和社会的二分法传统”，认为现代国家“只有充斥着各种权力配置的具体细微的社会机制……几乎没有统治性的国家和政府，只有无穷无尽的规训和治理；几乎没有中心化的自上而下的权力的巨大压迫，只有遍布在社会中的无所不在的权力矫正；几乎没有两个阶级你死我活抗争的宏大叙事，只有四处涌现的权力及其如影随形的抵抗。无计其数的细微的权力关系，取代了国家和市民社会之间普遍性的抽象政治配方”。[③] 权力因此被视为一种关系、网络、场，认为权力是无主体的、非中心化的，强调权力的分散性、多元性，并用微观的权力学解构传统上以统治权力为核心的宏观权力学，忽略了国家权力的作用，显然是片面的。

萨义德在葛兰西的霸权概念基础上进一步发展了文化霸权思想，使文化霸权成为后殖民理论的核心概念。在萨义德看来，“某些文化形式可能获得支配另一种文化形式的权力”，这就是文化霸

① 汪民安主编：《文化研究关键词》，南京：江苏人民出版社，2007年版，第342—343页。

② 刘亚斌：《文化霸权论的变异学研究》，北京：中国社会科学出版社，2016年版，绪论第3页。

③ 汪民安：《西方文论关键词：福柯》，《外国文学》，2010年5月，第85—86页。

权。继而，这种文化霸权被放置在后殖民理论的视域下被审视与批判。萨义德透过大量的文学作品看到占绝对统治地位的欧洲文化，指出“殖民地扩张、文化的全球化就是文化霸权的体现”。[①] 萨义德试图对西方的东方主义进行反思，旨在对东方和西方的二元对立为基础的西方中心主义进行解构，以谋求东方和西方的相互依存和多元共存。

塞缪尔·亨廷顿的文明冲突论成为文化霸权思想在后冷战时期的表述。亨廷顿认为以文化为内核的文明间冲突将取代意识形态或其他形式的冲突，成为全球占主导地位的冲突形式。具体来看，全球政治的主要冲突将发生在信奉不同文化的族群之间，最可能的冲突就是儒家文明与伊斯兰文明联手与西方文明之间发生的冲突。然而，字里行间无不透出亨氏所固有的西方文明优越感，宣扬美国所代表的西方文明对世界的影响。

不难看出，葛兰西的文化霸权为后来的思想家提供了研究起点，并因此得到丰富与发展。但不论是福柯的权力思想，还是萨义德的西方中心论，抑或亨廷顿的文明冲突论，其中的“文化霸权”已被附加了更多的内涵和外延，超越了概念的原初，产生了理论变异。

在中国亦不乏关于“文化霸权”“文化霸权理论”的研究。综合来看，文化霸权概念在国内学界有三种较为经典的理解。其一，将文化霸权理解为“百家争鸣”，文化霸权理论被当作一项党和国家的文艺政策以及一种文艺批评所应该具有的态度。[②] 其二，将文化霸权理论与“文革”中的“文化大批判”相联系，指出葛兰西的文化霸权理论为中国社会所接受，在文革中被广泛实践过。[③] 其三，

① 李晓光：《文化全球化、西方文化霸权与中华民族文化认同研究》，《山东社会科学》，2014年第3期，第101页。

② 郭赫男等：《葛兰西的“文化霸权”理论溯源及其对它的误读》，《社会科学家》，2008年第6期，第48页。

③ 同上书，第48页。

文化霸权被等同于西方文化霸权，认为文化霸权就是文化殖民主义，是“西方文化对包括中国在内的第三世界国家的殖民化”，是“国与国、民族与民族之间的文化价值观的强加行为”。[①] 上述理解反映了研究者所处的时代及现实文化环境，其中，对文化霸权的第三种解读是最普遍的。[②]

学者们仍在不懈探索，追问葛兰西的文化霸权概念，这些研究以理论研究为主。[③] 更有学者指出葛兰西的文化霸权理论之于中国的核心价值观和文化战略有重大指导意义，并做深入阐释。[④] 在此，笔者试图回归葛兰西的文化霸权概念，即“霸权”不是武力与强权，“文化霸权”也不涉及国家之间的文化关系，而是“通过大众同意进行统治的方式”，并运用其文化霸权理论对美国社会的文化霸权进行分析。这项研究不同于关于葛兰西文化霸权理论的理论性分析，也不同于对文化层面上推行所谓“霸权主义”“帝国主义”或是“殖民主义”的分析，而是将葛兰西的文化霸权理论与美国社

① 代迅：《跨语际旅行：“文化霸权”的话语实践》，《学习与探索》，2005年05期，第134页。

② 参见刘伟胜：《文化霸权概论》，石家庄：河北人民出版社，2002年版；孙晶：《文化霸权理论研究》，北京：社会科学文献出版社，2004年版；马广利：《文化霸权：后殖民批评策略》，北京：光明日报出版社，2011年版；张骥，韩晓彬：《论美国“文化霸权”的历史渊源与现实基础》，《当代世界与社会主义》，2001 年第2 期，第47—50页；田德文：《西方文化霸权与冷战后的国际关系》，《世界经济与政治》，2001年第4期，第22—27页；孙晋忠等：《全球化时代的西方文化霸权》，《理论参考》，2002年第3期，第23页；左小平：《美国的文化霸权及我们的应对方略》，《探索》，2002年第6期，第128—130页；张其学：《关于“文化霸权”概念的再思考》，《广东社会科学》，2005 年第5 期，第64—68页；杨世生等：《全球化背景下的文化霸权与文化安全》，《前沿》，2010年第24期，第160—162页；吴华：《好莱坞电影：美国文化霸权的介质》，《湖南大学学报（社会科学版）》，2013年第7期，第156—159页；李晓光：《文化全球化、西方文化霸权与中华民族文化认同研究》，《山东社会科学》，2014年第3期，第100—104页。

③ 孙晶：《葛兰西的文化霸权理论及其质疑》，《马克思主义与现实》，2001年第1期，第80—85页；周凡：《重读葛兰西的霸权理论》，《马克思主义与现实》，2005年第5期，第20—31页；仰海峰：《葛兰西的霸权概念研究》，《山东社会科学》，2005年第11期，第39—44页；郭赫男等：《葛兰西的“文化霸权”理论溯源及其对它的误读》，《社会科学家》，2008年第6期，第45—48页；殷旭辉：《葛兰西的霸权概念辨析》，《东岳论丛》，2010年第9期，第11—17页；张羽佳：《“文化霸权”：概念与现实的双重探索》，《哲学动态》，2012 年第8 期，第13—18页。

④ 于超文：《葛兰西文化领导权思想与社会主义核心价值体系》，《理论界》，2009年第9期，第162—163页；徐阖：《“文化霸权理论”与社会主义核心价值体系建设》，《人民论坛》，2016年第1期，第197—199页。

会发展的历史实践相结合，从美国社会发展历程中探索美国的统治集团是怎样谋求、建立和维持其文化领导权，并对被统治集团实施了统治。

葛兰西的文化霸权理论为我们重新审视美国的文化霸权及其社会影响提供了理论分析的支点，让我们坚信只有那些知道如何组织起一个新社会并创造出新文化的人，才能够建设一种新制度。只有当新文化取代旧文化时，它才能证明自己所拥有的历史优越性。[①] 文化是维系一个民族、一个国家持续发展的纽带，维系好这个纽带，一个国家将立于世界强国之林，所以，未来的发展趋势是“文化霸权”与“经济霸权”相互促进。[②]

一、剖析葛兰西的文化霸权

霸权概念是葛兰西《狱中札记》的逻辑主线，也是其全部政治思想的逻辑结论。[③] 葛兰西认为，从阶级角度理解历史，不是只能用统治阶级和被统治阶级间的武装斗争来解释，还可以通过统治阶级努力避免冲突的整个过程来说明，而要想成功避免冲突就需要到文化中寻找答案。[④] 葛兰西的霸权理论就是要阐释资本主义制度下文化和权力的关系，他的文化霸权思想丰富了马克思关于语言、文化和权力的社会学分析。因此，对文化霸权的理解应包括三个方面的内容，文化霸权的本质、其语言学导向及实践意义。

---

① Thomas R. Bates, “Gramsci and the Theory of Hegemony”, *Journal of History of Ideas*, Vol. 36, No. 2, April – June, 1975, p. 366, https://ondercetin.files.wordpress.com/2011/04/bates-1975.pdf, 2015-2-15.

② 参见于超文：《葛兰西文化领导权思想与社会主义核心价值体系》，《理论界》，2009年第9期，第162—163页。

③ Thomas R. Bates, “Gramsci and the Theory of Hegemony”, pp. 351-366.

④ T. J. Jackson Lears, “The Concept of Cultural Hegemony: Problems and Possibilities,” *The American Historical Review*, Vol. 90, Issue 3, June 1985, p.572.

（一）文化霸权的本质

葛兰西认为文化是社会物质条件的反映，通过统治集团所掌握的文化工具进行解释、说明和灌输。随着对文化研究的深入，葛兰西指出，文化霸权理论的前提是：人不仅受武力支配，还受观念支配。观念维护“整个社会集团的意识形态统一”，不是因为观念的力量足以消除阶级斗争，而是因为它们能够缓和阶级斗争，使阶级社会继续下去。[①] 为此，文化霸权理论分析了各种文化符号的政治功能，分析了观念对现有社会的建构作用，阐释了社会统治集团的权力操控与被统治集团的文化自治之间如何协调一致。在此基础上，葛兰西认为，文化霸权是“广大民众对统治集团指明的社会生活总体方向的‘自发的、无意识的同意’。这种同意是历史性的，因为这种同意是受统治集团在世界生产过程中的地位和作用决定的”。[②] 简言之，霸权“是指建立在被领导者同意之上的政治领导权，而只有统治阶级世界观的传播和普及才能确保这种同意”。[③]

葛兰西用霸权描述的主要是某一社会集团争取其他集团对其积极赞同、自觉服从，并自觉融入到该社会集团的权力结构中来的一种控制方式。霸权描述的不是个人与个人之间或个人与集团之间的权力关系，而是一个集团对其他集团的权力关系。霸权描述的不是“向内的”权力关系，即个人对所属集团的权力关系，而是向外的权力扩展。霸权描述的不是强制性屈从，而是产生“自发性”同意，即用智识的、思想的、道德的、教育的方式来“说服”其归化，从

① Thomas R. Bates, “Gramsci and the Theory of Hegemony”, p. 351.

② Antonio Gramsci, *Selections from the Prison Notebooks*, p.12.

③ 托马斯·R.贝茨给出的“霸权”定义的原文“It means political leadership based on the consent of the led, a consent which is secured by the diffusion and popularization of the world view of the ruling class.”详见Thomas R. Bates, Gramsci and the Theory of Hegemony, *Journal of History of Ideas*, p. 352.

而获得对本集团统治的赞同与支持。[①] 因此，葛兰西的文化霸权理论根本没有涉及国家之间的文化关系,不是在文化上推行所谓“帝国主义”“殖民主义”，而是特指一个国家内部的某一社会集团以文化的方式和手段来达到权力的维护、巩固与扩张。[②]

霸权不只是自上而下的社会控制。相反，由于历史集团催生了某种广为接受的世界观，新的文化霸权就会自下而上地出现。[③] 文化霸权的形成、发展、消解或转型都是复杂过程，仅凭单一的自上而下的统治无法解释。在此基础上，葛兰西已将霸权当作一切历史时代统治集团维持其统治以及被统治集团发展为统治阶级的有效手段。在这个意义上，霸权就是社会集团使自己的支配地位正当化、使自己的统治合法化的政治活动。[④]

广大民众对少数人统治的“无意识同意”的一个突出特点就是，民众对统治阶级享有的特权和表现出的信心的认同。在葛兰西那里，诸如价值观、规范、认知及文化制度等文化元素需要得到广大民众的同意，这些文化元素支配着、维系着统治秩序的合法性。葛兰西的文化霸权强调“同意”和“统治”不可分，一方面，统治集团单凭武力统治无法实现霸权合法化，更难以使霸权延续。另一方面，统治集团也无法通过设立并延续合法性标志来给统治附加道德权威，他们只有通过获得被统治集团对现有社会秩序的同意，才能维持其统治地位。葛兰西认为，同意会转变为人们的意识形态，这种意识形态通过语言、“常识”（即传统智慧）和“良知”（即经验知识）以及宗教来体现。

因此，笔者认为，文化霸权本质上是一种非暴力意识形态的控

---

① 周凡:《重读葛兰西的霸权理论》,《马克思主义与现实》, 2005年第5期，第21页。另参见T. J. Jackson Lears, “The Concept of Cultural Hegemony: Problems and Possibilities,” pp.567-595；Lee Artz, Bren Ortega Murphy, *Cultural Hegemony in the United States*, CA: Sage Publications Inc., 2000, pp.10-34.

② 同上，第22页。

③ T. J. Jackson Lears, “The Concept of Cultural Hegemony: Problems and Possibilities,” p.587.

④ 周凡:《重读葛兰西的霸权理论》，第24页。

制手段，是通过社会中大多数人自觉自愿的认同来实现的。具体而言，一个阶级对另一个阶级的控制并不仅仅依赖经济和物质力量，更重要的是文化优势，并依靠说服被统治阶级接受统治阶级的信仰体系并接受他们的社会、文化和道德等价值观念来实现。文化霸权具有历史性和实践性，是变化的、演进的，其形成是双向的，既可能从上至下，也可能从下至上。

（二）文化霸权的语言学导向

文化移入过程包括公共教育、广告宣传、大众偏好等，对文化移入过程的研究能让人们理解霸权形成的文化、社会、心理过程。语言在文化移入过程起着关键作用。因此，必须强调文化霸权研究的语言学导向。①

霸权的语言学导向有三个内容。

第一，主导文化的言语分析与研究，不仅为理解霸权提供线索，也提供了基于社会意识形态之上的制度与规范。

第二，文化霸权研究借助符号学等领域的研究方法，超越了对文化霸权的“单向度”理解。由于符号学强调意义是在特定语境中建构起来的，是进程性的，而非静止的，因此，意识形态在已有世界观的基础上生成—修订—再生成，确定下一套符号系统。这样的符号系统强调意识形态要素如何建构话语的可信度，文化霸权研究更注重权力建构过程中文化要素的真实效用，即一个符号系统中各元素如何真实地与某一特定听者的主观经验产生共鸣。②

第三，文化霸权强调交流，强调说者与听者之间意义的双向建构。文化是多种声音的对话。在言语交锋中，语言成为价值观的载体，每句话都意味着与至少一位言语者的符号交流。霸权文化的语

---

① T. J. Jackson Lears, “The Concept of Cultural Hegemony: Problems and Possibilities,” p.589.

② Hayden White, “Method and Ideology in Intellectual History: The Case of Henry Adams,” in Dominick Lacapra and Steven L. Kaplan, *Modern European Intellectual History: Reappraisals and New Perspectives*, Ithaca: Cornell University Press, 1982, pp. 288-289.

言恰好体现了这些特质。领导集团为获得普遍同意而建构霸权文化，霸权文化不仅具有权威性，还具有说服力，同时还带有一定程度的不确定性。这样，霸权文化中的主导话语，始终处于关于“意义”的永无休止的争论中。[①] 葛兰西的文化霸权便被赋予了新的研究视角，即语言学视角。

（三）文化霸权的实践意义

对葛兰西文化霸权的实践意义可以从三个方面来理解，其一，知识及其与社会实践的关系；其二，知识分子及其社会功能；其三，“历史集团”概念。

关于知识及其与社会实践的关系，葛兰西认为“实践是知识的过程”，即知道什么做什么，通过实践学习。人们通过实践获得关于世界和社会的知识。实践产生理论，理论反过来影响实践。实践产生意识形态，并随着社会利益和权力的变化及政治斗争的社会实践而发展、变化。在社会演进过程中意识形态对实践起着组织和指导作用。

关于知识分子及其社会功能，葛兰西强调社会需要创造知识、传播知识。这一任务由知识分子担当，即那些对文化进行诠释的人。葛兰西认为人人都是知识分子，因为每个人都在实践理论并创造理论。[②] 教师、记者、公务员等都属于知识分子，他们协调社会实践，建构关于实践的解释。

知识分子分为“传统知识分子”和“有机知识分子”，前者指那些专为社会精英服务的政客、作者、传教士等，他们专为统治阶级利益著书立说，是现存社会的卫道士。后者指被统治阶级中那些积极维护其阶级利益、为民众疾呼呐喊的人，也包括新兴社会阶级

① Mikhail M. Bakhtin, *The Dialogic Imagination: Four Essays*, trans. Michael Holquist, Caryl Emerson, Austin, TX: University of Texas Press, 1982, pp. 269-315.

② A. Gramsci, *Selected Writings: 1918–1935*, David Forgacs, ed. New York: Shocken, 1988.

的政治领袖。不论是传统知识分子还是有机知识分子，知识分子的作用就是维护其所代表的阶级所需要的社会结构与关系。

“历史集团”概念超越了传统马克思主义的资产阶级—工人阶级对立，强调在统治阶级和被统治阶级之间的敌对关系之外存在着更为复杂的关系，其中蕴含着社会、经济、政治和文化关系。受社会政治、经济、文化条件影响，社会各阶层为了共同的政治目标，在共同意识形态驱使下坚定地走到一起，形成历史集团，建立社会制度，共同参与社会实践。统治阶级要有效确立领导权，必须为各社会阶级服务，展示其卓越的智慧和文化影响力，以得到被统治阶级同意。换言之，霸权就是历史集团获得政权后建立起来的社会关系。

二、美国文化霸权的分析要素

民主国家的发展历史表明，文化霸权建立需要三个条件，即现实的物质利益，团结的政治领袖，丰富的文化实践。建立稳定霸权，这三个条件缺一不可，体现了葛兰西的理论与实践的统一。

物质条件。某一政党之所以能居于领导地位，就因为该政党能带给民众所期待的利益。为了巩固政权，政党必须确保能为民众提供足够的物质利益。有了这样的物质利益，政府工作才能顺利开展，民众才能得到回报，各种有益的社会关系才能得以重建。然而，为维护霸权，物质条件绝非越多越好。

政治条件。拥有霸权的政党领袖必须超越狭隘私利，善于制定政治蓝图，领导整个社会发展进步，建立代表大多数人利益的合理的政治制度。在广泛同意的基础上建立的霸权需要通过有效的政治手段来实现，如建立联盟、达成协议或制定共同同意的国家政策等。霸权维护离不开完善的、得到被统治集团支持的政治条件，只有当政治条件得到满足，社会集团才能依据共同达成的标准来组织、运用社会资源，进一步巩固霸权，维护统治阶级的领导权和统治地位。

美国统治集团要维护其霸权，获得民众支持至关重要。为确保民众支持，美国长期坚持“选举制”。格伦贝克指出，总统选举不是决策过程，其目的在于“让我们对这一过程满意”而“缄口不语”。[①] 统治集团制定民众支持的各项议程，通过大众传媒、教育、政治宣传等形成持续不断的公众话语，维持同意。如果一旦出现某种新的、得到广泛拥护的政治主张，人们的物质需求膨胀，现有霸权受到政治挑战就将消解。

现代高风险社会若要建立稳定的政治霸权，除了物质条件和政治条件外，还必须强调文化条件。

文化条件。在稳定的霸权机制下，我们怎样生活，怎样理解生活，取决于霸权的政治与物质条件。受益于霸权安排的主导社会集团必然支持关于资源配置的现有政治制度，他们也必然参与大众文化的生产与消费，这些文化实践反过来强化了霸权关系。在集团和个人谋求相互同意、相互受益的过程中，霸权得以巩固。霸权建立的文化条件构成了关于生活的完美哲学，[②] 是霸权稳定最重要的条件。

这种生活哲学是共识的、互利的。主导意义强调主导社会集团的利益，因为主导意义建构霸权关系，进而巩固社会集团的政治、经济地位。例如，新闻规范常以制度权威作为事实判定的最终依据，无疑会主导关于社会事件的价值偏好和公众理解。[③] 新闻报道带有明显的党派特征，具有一定的真实性和准确性，但那些以普通市民和工人阶级作为新闻来源的报道，对相关事件的解释则明显不

---

① B. E. Gronbeck, Functional and Dramaturgical Theories of Presidential Campaigning, *Presidential Studies Quarterly*, No. 14, 1984, p. 493.

② Lee Artz, et al, *Cultural Hegemony in the United States*, p. 27.

③ 参见L. V. Sigal, Who? Sources Make the News, *Reading the News: A Pantheon Guide to Popular Culture*, R. K. Manoff, et al, eds., New York: Pantheon, 1986, pp. 9-37。

同。[1] 美国大众传播受垄断媒体企业操控，各种传媒产品及制作过程深受资本主义文化霸权下社会条件的影响。

受物质条件、政治环境和文化传播的影响，社会存在多种世界观，不断重构各领域文化霸权。倘若某一文化实践无法满足被统治集团利益，这一文化实践将备受争议。这样，面对大众社会的文化多样性和复杂性，统治集团必须建构稳定的霸权，协调文化结构以化解争议。

在霸权建构应具备的物质、政治和文化条件中，文化条件无疑是最重要的。一方面，文化条件的影响因素繁杂，另一方面，霸权能否建构取决于领导集团是否有能力提供一套行之有效、具有说服力的哲学逻辑和意识形态。与物质资源和政治条件相比，文化条件的建构最终取决于民众的自觉参与，这具有更大的不可知性，更易受到挑战。

具体来看，文化条件由意识形态和语言两个核心要素构成。意识形态是实践和意义相结合的产物，有助于人们理解霸权的物质、政治和文化条件。一个稳定霸权的意识形态通常根深蒂固，难以撼动，任一对这样的意识形态的挑战可能会事与愿违，适得其反，可能会进一步强化现有社会关系，甚至导致有利于统治集团利益的实践得到强化。

语言作为文化条件的另一核心要素，让我们沟通交流，理解世界。作为一种文化实践，语言是霸权的工具，是霸权的产物，更是霸权形成的战场。霸权离不开同意的达成和意义的建构，所以语言既具有文化意义，又具有政治意义。霸权稳定需要有符合相应语言和文化规则的意识形态。不同的语言描写不同的实践，进而再现不同的世界和霸权。更重要的是，语言的多样性和语言的易变性与适应性表明，人们仍然持续不断地就意义建构进行磋商与论争。

---

① A. Mattelart, ed., *Communicating in Popular Nicaragua*, New York: International General, 1986.

三、美国文化霸权的形成及特点

霸权建构的三个条件，物质条件、政治条件和文化条件构成一个复杂统一体。同时，关于意义建构的争论无休无停，威胁霸权稳定。葛兰西指出，维持霸权稳定不易，霸权在社会冲突中转瞬即逝。[①] 美国历史就是一个资产阶级霸权更迭的历史。

当代政治学家，如埃里克·欧林·莱特、里克·梵塔西亚和威廉·多姆霍夫指出，美国社会的确存在统治阶级与被统治阶级的社会分化。大量证据表明，由于公司所有权、个人资源、职务等的不同，美国社会长期存在着统治集团和被统治集团间的分化。数据显示，与非裔、亚裔和其他非白种盎格鲁-撒克逊的少数族裔相比，白人拥有大量社会经济财富和强大的政治权力。尽管美国建立了所谓民主制度，开展了平权行动，但如果美国的白人男性仍长期占据强权地位，且仍居于权力高位，就必然意味着族裔和性别偏见事实上的存在。另一方面，霸权理论也必须能解释为什么成千上万的美国工薪阶层、少数族裔和妇女一直以来对资源和机会不公予以默许与支持？为什么这种默许与支持还持续着？

如果说霸权建立在通过现实的物质利益、政治组织和文化实践达成的同意之上，那么关于美国霸权的假设就是要证明，居于被统治地位的社会集团已经从现有社会关系中获益，并将继续支持现有社会关系，而这种社会关系就是为统治集团的利益服务的。历史地看，美国社会中在政府、公司和广大工人阶级之间建立的霸权关系一直得到了广泛支持，因为大多数美国民众普遍相信，所有人都会富裕起来，所有人都将成功，追求更加美好的生活永远是他们的奋斗目标。美国梦不止适用于权贵，对普通民众更为奏效。重要的

---

① 参见 A. Gramsci, *Selected Writings: 1918–1935*。

是，美国梦的确有实实在在的物质、政治与文化基础，确保了社会大多数人对资产阶级霸权的同意。

物质条件。1776年英属北美13个殖民地宣布独立之初，包括商人、种植园主在内的社会统治力量，因为同意通过“权力法案”来确保如小农场主、小商人等被统治集团的权力，因此得到被统治集团对宪法的支持。这一事实成为因统治集团满足了被统治集团的社会需求而达成对统治阶级领导权的同意的典型案例。在那时，统治集团之所以能满足被统治集团的需求而达成同意，建立霸权，主要是因为在美国早期，居于主导地位的统治集团掌握着丰富的物质资源，能够提供充足的物质条件，确保通过政治手段来解决问题。

美国历史的第一个100年，联邦政府从政策上保证以物质手段，确保那些艰苦劳动、追求个人自由的人都有机会获得成功，都能得到足够的土地。美国政府提出的“美国梦”“天定命运”等意识形态遂演变为主导意识形态。经过西进运动、1849年加州淘金热，再到宪法法案、南北战争等一系列历史事件，终于在1865年解放黑奴，使非裔美国人获得自由。19世纪的工业革命使生产、贸易、通信得到前所未有的发展。1912年，随着美国本土最后两个州，亚利桑那州和新墨西哥州的建立，那些放荡不羁、追求自由的人，尽可以到西部去开垦土地。总的看来，美国历史就是种族冲突和阶级对抗的历史，每次冲突和对抗都换来工人、农场主等被统治集团生活条件的较大改善，根本目的就是维护统治集团的霸权，使其统治地位得到巩固，根本利益得到满足。

然而，被统治集团的物质条件的改善并不彻底，总是充斥着矛盾和不公。非裔美国人从未真正拥有自己的财产。不过，到南北战争结束，黑人终于有能力独立生活，拥有私产和小买卖，在一段时间里也能享有政治权力。美国产业工人的工作和生存条件十分艰苦，但是随着土地的拓展，铁路的修建，石油被开采，投资者获利，个体农场主受益，产业工人因此获益。通过19世纪“土地带来的机遇”，大多数美国工人终于过上了舒适的生活，积累了政治资本和社会资本，使他们中的一部分能挤入统治阶级而获得权力与地位，实现所谓“天定命运”。妇女获得选举权，但大多数妇女基本游离于政府和市民社会的决策之外，并不真正具有参政、议政和决策权。

进入20世纪，美国人的生活条件进一步改善，衣食无忧。然而，20世纪30年代的金融危机使美国民众刚获得的物质条件化为乌有，国际经济萧条引发美国及世界各地大规模社会动荡和政治冲突。第二从世界大战爆发改变了这一切。到二战结束，美国成为世界经济领袖。此后北美经历了20年的繁荣，美国人有了稳定的工作和收入，生活富足。到20世纪80年代，美国工人阶级成为世界上最富有的被统治集团。经过200多年的发展，美国资产阶级已拥有足够的物质资源，确保其获得在国内建立霸权的普遍支持。

政治条件。政治条件和物质条件一样重要。社会统治集团必须有能力为确保其长期统治建立政治条件。南北战争通过军事手段，摧毁了南部的半封建农庄制，消除了对资产阶级霸权的严重威胁。然而社会革命未能进行到底，一旦资本主义经济关系建立起来，社会重建则难以为继而被迫终止。非裔美国人再次被联邦政府抛弃，政府的权力分配计划受到南方地主阶级的疯狂打压和猛烈抨击。南北战争之后的工业革命，引发了更严重的财富分配不均，加深了农场主之间的仇恨，对社会构成威胁。①

1896年民主党候选人威廉·J.布莱恩发表“反对企业做大”的“金十字架”演讲，反对银行、铁路和金融业操控经济命脉。1904年西奥多·罗斯福总统继承了威廉·布莱恩的民粹主义思想，坚定地推行反垄断运动，规制大型企业，保护自然资源，建立社会公正。② 整个20世纪美国政府和政治领袖成功应对各种挑战：富兰克林·罗斯福总统推行“新政”，以政治手段应对激进的法西斯主义，

① R. T. Oliver, et al, eds., *Selected Speeches from American History*, Boston: Ally & Bacon, 1966, p.207.

② Ibid., p.218.

主张建立“自由资本主义制度”。20世纪60年代后期，民主党人开始吸纳黑人民权分子参政。约翰逊总统提出名为“伟大社会”的改革计划，有效地将来自社会底层的政治抗议导向联邦福利计划。尼克松总统在反（越）战声浪高涨时，给予青年人投票权。20世纪末所有高校为少数族裔和妇女提供平等受教育的机会。值得注意的是，面对这时期美国白人政府的一系列霸权政治改革，如“自由资本主义制度”、黑人参政、“伟大社会”福利计划等，劳工运动、民权运动和女权运动未能提出实质性政治计划，未能获得领导权而形成能取而代之的历史集团。

对现有霸权政治的反抗一旦超出统治阶级能容忍的程度，就会遭到镇压。第一次世界大战后联邦警察执行的“帕尔默突袭”，二战后的“麦卡锡主义”，越战期间联邦调查局的“反间谍计划”均为典型案例。至今某些大城市仍保留着具有类似功能的警察情报处。由于美国社会存在着被统治阶级对统治阶级建立的社会关系和意识形态的“普遍同意”，美国政府至今仍对反政府活动进行着持续、系统的镇压，任何政治抵抗仍无法突破。

文化条件。文化实践和资本主义霸权建立的社会经济关系及主流意识形态相辅相成。文化实践离不开大众传媒。20世纪初，在“快乐时光”[①] 期间出版的书籍杂志确立了中产阶级的伦理道德，那些为不断涌现的城市精英所推崇的音乐会、讲座和集会，开始公开宣扬资本主义市场经济制度下的个人自由和享乐。[②] 一战后经济复苏的一个突出表现，就是处于“喧嚣的20年代”的人们所追求的时尚、音乐和生活方式。20世纪30年代，当物质条件不断恶化时，新兴的大众传媒从心理上有效地缓解了恶劣的经济萧条对人们的精神打击：弗雷德·阿斯泰尔演绎了与金格·罗杰斯的浪漫爱情；好

① 1890—1900年这十年被认为是“快乐时光”。

② 参见J. Kasson, *Rudeness & Civility: Manners in Nineteenth Century Urban America*, New York: Hill & Wang, 1990。

斗的拳击手乔·路易斯所向披靡，打败了所有对手；流行歌手埃塞尔·默尔曼的“生活就是一碗红樱桃”让听者重拾快乐与信心。

二战拯救了美国经济，也给文化实践带来重大影响。好莱坞大量炮制爱国影片，音乐界不断推出爱国歌曲。弗雷德·阿斯泰尔更是激昂起舞，宾·克劳斯贝柔情低吟，喜剧大师丹尼·凯演绎更多滑稽形象。直至今日，流行音乐和电影仍然是美国最重要的流行文化形式，同时电视成为重要的文化平台，深刻地反映了美国的物质现实和政治环境。媒体主导意义生成，同时对其他文化实践起到影响和强化作用。自此，由上述各种文化形式生成了文化霸权机器。文化霸权机器使文化对实践的影响更具体、更生动，并进一步影响社会的物质条件和政治条件。

美国拥有庞大而有效的文化霸权机器。所谓文化霸权机器，就是在维护并强化霸权理论和意识形态过程中形成的决策组织或机构。[①] 例如，大众传媒、政治、教育等各领域的决策机构，所有这些机构共同建构了基于主流社会实践的共同文化话语。[②]然而，文化霸权机器不是一经设立便能永久不变。文化霸权机器若遭受挑战，无法再为统治集团利益服务时就会被抛弃。作为文化霸权机器的新闻媒体，一旦秉持其专业、客观、公正的实践准则而无法有效维护统治集团利益时便被抛弃。美国新闻界在涉及格林纳达、巴拿马和入侵伊拉克的报道中，就遭遇过此种命运。总之，文化霸权机器的首要功能就是促使产生维护霸权的意识形态和实践，维护统治阶级利益。

文化霸权机器的另一重要功能就是协助摧毁破坏性社会结构。当民权运动提出反对“隔离但平等”的口号时，统治集团感到其政治霸权受到威胁，于是提出“种族融合”思想，试图化解反种族隔离分子的激进诉求。很快，美国开始调整其教育、政治、法律等霸

① Lee Artz, et al, *Cultural Hegemony in the United States*, p. 40.

② Ibid., p. 41.

权机器，形成应对种族问题的新思路和新政策。

促成意识形态生成的主体是知识分子和公共意见领袖。现行的美国文化霸权机器特别注重挑选合适的知识分子或公共意见领袖。这些人善于获取社会各领域的公众意见，并通过大众媒体传播开去，包括各种媒体评论、教科书、电视节目及政党宣传等，竭力维护并推广美国现行霸权。正如葛兰西指出，知识分子的作用就是为某一阶级服务，向民众灌输思想，并使之社会化。[①]

霸权机器不是绝对的、单一的、狭隘的，涉及多种社会实践和意识形态。霸权机器能够包容被统治集团的利益，因此体现出一定程度的开放性和灵活性。葛兰西注意到，一个国家不是只能有一个统治集团，一种意识形态，霸权可以由某个阶级或某个社会集团建立。[②] 在美国，政治霸权机器受不同政治集团和党派控制，其实践有明显差异。同样，社会的主导意识形态也因此呈现多样化。一个历史集团或社会集团内部的不同派别会提出各自的意识形态，它们相互较量、相互斗争。例如，在越战问题上，主战派和主和派之间的较量，反映出美国政府虽然主张其拥有干涉的权力，但在如何决策实施干涉上却存在严重分歧。

当今世界，历史集团通过大众传媒来建构范式，媒体是社会统治集团谋求主导思想的主战场。在美国，信息传播权仅由靠近政权中心的20多家大型传媒或信息公司垄断，它们决定着人们能得到什么，如何得到。[③] 在学术界，受学术协会管理的十几家杂志/期刊决定着哪些人文、科学、政治领域的研究成果能公之于众。这些霸权机器有效地控制着信息传播通道，决定着哪些人能充当其喉舌，他们应该说什么，怎么说。这样的霸权机器控制着主流社会的意义建构，并因此控制着社会实践和社会关系的建构。

① 参见A. Gramsci, *The Modern Prince,* Trans. L. Marks, New York: International Publishers, 1967.

② 参见A. Gramsci, *Selected Writings: 1918–1935*, 1988。

③ 参见E. Herman & N. Chomsky, *Manufacturing Consent: The Political Economy of the Mass Media*, New York: Pantheon, 1988。

尽管霸权机器无法阻止对霸权构成的挑战，却能提供某些必要机制化解甚至消除挑战。为避免霸权被推翻，统治集团会预先将被统治集团的利益诉求纳入霸权安排，防止出现威胁霸权关系的严重冲突，即所谓“被动革命”。霸权制度通过“被动革命”，能有效地在被统治集团获得政治力量之前规避挑战，消解威胁。

总之，文化霸权具有两种社会功能。其一，为巩固统治集团的领导权，不断改善物质、政治、文化条件，夯实社会基础。其二，尽可能削弱反霸权力量的社会条件，确保霸权得到更多社会力量的同意。霸权建立有赖于历史集团的领导力，拥有霸权的统治集团必须拥有主导话语权，才能建构社会实践的意义。霸权从来不是稳定的，霸权维持取决于物质条件、政治条件和文化条件三者间的关系。

纵观美国资产阶级霸权更迭的历史，给我们展现了文化霸权维护资产阶级利益的清晰逻辑。恩格斯指出，“美国社会没有中世纪的废墟和封建势力的障碍阻止其跳跃式发展。美国从其历史开始的时候就已经具备了17世纪现代资产阶级社会和资本主义意识的因素”。[①] 所以，资本主义就是美国文化霸权的主要特征。伴随着科技进步带来的美国经济—管理体制的革新和生产方式的变革，社会生产力得到极大的解放和提高，社会生产能力迅速提升，结果是社会消费品极大丰富。资本家阶级作为美国社会的统治阶级，为获得最大利润便将动员人们多消费视为成功的法宝，于是如何打造一个有利于全社会积极参与消费的社会经济氛围成为当务之急，更成为美国统治阶级的施政目标。[②] 然而，仅有物质条件和政治条件，统治阶级的文化霸权难以确立，必须烘托出一种社会意识和文化观念，让大众认同并积极参与到这个改变人们观念和行为的社会进程

① 恩格斯：《英国工人阶级的状况》美国版序言，1887年版，转引自张晓立：《评析美国流行文化》，北京：经济日报出版社，2015年版，第210页。

② 张晓立：《评析美国流行文化》，北京：经济日报出版社，2015年版，第14—15页。

中来，这就是文化霸权更为重要、不可或缺的文化条件。当美国进入工业化、都市化、商业化时代，大众消费手段日新月异（从收音机到电视再到电影和电脑）、参与社交活动的工具更新换代，再加上层出不穷的鼓励、煽动大众超前消费和娱乐的商业手段，大众消费文化观念悄然兴起，从根本上消解了以清教伦理为根基的传统文化理念和价值观。大众消费文化必须得到大众的同意、广泛的参与才能流行，才能带来商业和经济效益。在一个大众流行消费文化盛行的时代，所有物品和服务、所有人的行为方式和娱乐方式都呈现出商业化和市场化。好莱坞电影、百老汇歌剧、流行音乐、美职联体育赛事等流行文化形式以提供丰富的娱乐休闲、满足感官刺激、填补精神空白、逃避现实烦恼，成为社会大众普遍接受的生活方式，更成为美国多元社会的群体意识，为资产阶级文化霸权的确立和维护准备了文化条件。可以说，美国工业化和大规模移民进程为以流行大众消费文化观念为核心内容的资产阶级文化霸权奠定了坚实的物质基础和政治基础，符合美国各社会阶层的利益和需求，为资产阶级带来更高的商业利润，从整体上符合美国资本主义社会的生产力和生产关系的进步和发展，从根本上服务于资产阶级利益。

结　论

关于美国霸权建构的分析，让我们更清晰地认识到，社会关系不是简单的统治—被统治或操控—被操控的关系，社会关系是社会实践建构的。在美国社会，如果我们能够理解当被统治集团承认并同意他们居于被统治地位而得到的好处，并对这些好处进行研究，我们就能掌握统治集团为确保其霸权、满足大众的现实要求而采取的政治、经济、文化策略。文化霸权理论为我们理解知识、社会关系、文化实践和组织/集团身份建构提供了有效方法。通过霸权关系的分析，居于统治地位的社会集团看清自身的优缺点，明白在哪些问题上可能形成对霸权的挑战。葛兰西的文化霸权理论让人们明白，资本主义社会存在着怎样深刻而复杂的社会矛盾，并在此基础上对将来还可能出现怎样的社会冲突和变化做出预判。

对法语专业教学里中国文化缺失的思考

外语系　曲国艳

随着多媒体、互联网等科技给外语学习带来海量“原版”资源，特别是法语专业学生对外交流机会的增多，他们对法国及法语国家社会文化的了解大大增强，但是几乎所有曾在法国及其他法语国家有留学经历的中国学生都有一个共同的感触：我们对法国人的了解大大超出他们对我们的了解，而我们努力向他们介绍中国时，发现自己有关中国文化的知识和词汇都相当匮乏，往往不能向法国人清晰明了地阐释。更不要说在法国人对中国存在误解和偏见时，用法语进行解释或者据理力争。很显然，这些法语学生出现了南京大学外国语学院丛丛教授在2000年提出的“中国文化失语症”：许多英语水平很高的中国青年学者，在与西方人交往过程中，不能用英语表达母语文化，表现不出来自文化古国的学者应具有的深厚文化素养和独特的文化风范，当西方同行怀着敬意探询儒/道的真谛时，他们却心有余而力不足，顾左右而言他。①

这是外语教学中存在的共性问题，虽然外语教学忽略母语文化的这一问题很早被专家学者指出，但这一现象至少在笔者所熟悉的法语专业学习者中仍相当普遍。近十年来，中国与世界的交流愈加密切，随着中国国际影响力的上升，国际社会对中国的关注

① 丛丛：《“中国文化失语”：我国英语教学的缺陷》，《光明日报》，2000年10月19日，第1版。

度提高，越来越多的外国人渴望了解中国和中国文化，需要大批既了解外语文化更熟知中国文化的外语专业人才架起跨文化交流的桥梁，让世界了解中国文化。今天法语专业的在校学生就是明天活跃在国际舞台上的外交官、孔子学院的教师、对外媒体的新闻记者，他们是中国和法语国家交流的使者，肩负着提升“中国软实力”的使命。法语专业教学的最终目标也应是培养出将来能够胜任跨文化交流、熟练掌握法语的翻译人才，然而，为何法语专业学生会出现“中国文化失语”？如何加强法语专业中的中国文化教学，提升学生的跨文化交流能力以适应时代的要求？本文力图以语言、文化、语言教学和跨文化交流间的关系理论为基础，分析问题根源并提出建议，以期法语专业培养出“知己知彼”真正胜任跨文化交际的翻译人才。

一、语言、文化、语言教学和跨文化交流

（一）文化和语言密不可分，相互影响

早在20世纪20年代，美国著名的语言学家萨丕尔（E.Sapir）就在他的《语言》（*language*）一书中对语言和文化的密切关系做出了精辟的概括：“语言的背后是有东西的，语言不能离开文化而存在。”美国外语教学专家克莱尔·卡玛施（Claire Kramash）在其著作《语言与文化》中明确指出：语言表述着，承载着，也象征着文化现实。语言和文化密不可分的关系在国外语言界已有系统的论述，而我国外语界的专家学者和外语教师也从20世纪80年代起著书立说，表达自己的语言文化观。他们一致认为：语言是文化不可分割的一部分，是文化的载体；语言和文化相互影响，相互制约。基于语言和文化的这种认识，语言教学离不开文化教学，而文化教学要依靠语言教学，外语教学不可把语言和文化割裂。

语言是思维的工具，而文化的构成又离不开思维（精神文化是

思维的直接产物，物质文化是思维的间接产物）。许多外语专家和学者都有这样的共识：外语学习者因长期模仿和浸透外语文化，思维容易受到所学语言文化的影响，容易对外语文化产生的认同超过对自己文化的认同，在一定程度上变成了西方文化的“语言工具”，背离了外语教学的培养目标。因此外语教学中应该培养学生的母语文化素养，增强民族文化自豪感。

（二）母语文化在外语教学中的重要作用

母语和外语，犹如矛盾的两个方面，既对立又统一。长期以来，我国外语界过于强调母语对外语学习的干扰和阻碍，所以在外语教学中一直排斥汉语和中国文化。母语和外语的思维模式和文化规约存在的相异之处确实容易使学习者外语表达不规范或错误，但我们也不能因此就片面夸大母语文化对外语学习的负迁移，而忽略母语对外语教学的重要作用。

束定芳教授认为本族语文化在外语教学中至少有两个重要的作用：一是作为与外族文化进行对比的工具，更深刻地揭示外族文化的一些主要特征，从而也加深对民族文化本质特征的更深入的了解；二是对学生民族文化心理的调节，培养学生对外族文化和外语学习的积极态度，从而调动学生学习外语和外族文化的积极性，增强他们的学习机会。[①] 束定芳阐明了母语文化对外族文化深层的理解和把握需要的重要参照作用；也肯定了母语文化提升外语学习动机的事实。的确，在外语教学过程中，外语教师和学生都会自觉不自觉地将外语文化同母语文化进行比较，教授和学习影响传递信息的语言和非语言文化因素，必须以外语学习者的母语文化为比较对象，只有通过两种文化的比较，才能发现两者的异同，才能找到影响交流的文化因素。当今外语学习环境同十几年前相比发生了翻天覆地的变化，一般日常交往的交际文化已不是影响外语学习者交际

① 束定芳、庄智象:《现代外语教学——理论、实践与方法》，上海外语教育出版社，1996年，第72页。

能力的主要障碍，他们真正需要把握的是深层次的外语文化，而要了解和把握这部分文化，只靠单纯地教授外语文化知识往往不能获得理想的效果，更需母语文化成为外语教学不可缺少的一部分。

（三）跨文化交流中母语文化不可或缺

英国学者威多森（H.G.Widdowson）指出，语言学习要确立学习目的，而大部分语言学习的目的都是为了交流。交流本身是双向的不是单向的，交流意味着吸纳和传播，两者不可或缺。外语专业教学的目的在于培养跨文化交际能力的外语专业人才，而跨文化交际实质是不同文化间的双向交流，不是一边倒的学习。外语学习者努力学习外语，了解外国文化传统的同时，也通过外语这一媒介向交际的另一方传递关于本国的信息，传播本国的文化。这一事实决定了外语文化教学必须同时兼顾母语文化和目的语文化，跨文化交际/传播学第一人爱德华·霍尔指出："奇特的是，（文化）所隐藏的东西最难为其自身的参与者所识破。多年的研究使我坚信，真正要做的工作……是理解本国文化；我也坚信，人们从研究外国文化所能得到的不过是表面的理解，这类研究最终是为了更加了解自己系统的活动状况。"霍尔从跨文化交际的角度阐明了本国文化研究的必要性，同时也指出了解外国文化的最佳动机是体验到外国文化和本土文化间的强烈对比和差异所产生的兴趣和好奇心。

二、法语专业教学中国文化缺失的原因

语言、文化、外语教学和跨文化交际理论让我们看到：语言和文化密不可分，相互影响，因而语言教学离不开文化教学，而文化教学要依靠语言教学，外语教学不可把语言和文化割裂；母语对提升外语学习动机和把握深层次外语文化有重要作用，因而应该重视母语文化在外语教学中的作用，让它成为其中的一部分；跨文化交

流的双向性和吸纳及传播的本质作用决定了母语文化在跨文化交流中不可或缺。法语专业教学中出现中国文化缺失，从根本上说在于对法语教学中的中国文化重要性认识不足，下面将用以上理论为指导，从以下五个方面分析问题的根源。

（一）大背景下中国文化缺失的影响

法语专业的学生也是社会的一员，他们从小到大，深受"外语重要"的观念影响，参加各种外语培训和考试，对外语学习的重视可见一斑。而对于汉语，特别是中国传统文化的重视程度远远不及外语，虽然近几年国家规定在各级教育中开设中国传统文化课程，但"重外轻中"的观念一时间还很难扭转过来。

教师方面，原来在法语专业任教的、具有良好中国传统文化功底的老教师纷纷退休，目前法语专业教师基本上都是20世纪60年代以后出生，很多青年教师都是80后，不得不承认，由于各种历史原因，这些教师是中国传统文化断层的一代，他们对中国传统文化积淀不足，在实践教学中，把中国文化融入法语专业教学还是心有余而力不足，要想弥补缺陷，需要大量的学习投入。

（二）过于强调母语文化的干扰和阻碍

法语专业教学深受欧洲外语教学观念的影响，而欧洲外语教学界长期以来深受直接法、视听法和视听说法的影响，没有从根本上跳出母语是外语学习之干扰的定型思维，一味地排斥包括母语在内的其他语言在外语教学中的（正）迁移作用。[①] 这种过于强调母语对外语教学消极作用的观念长期影响中国的法语专业教学。近年来中法在法语教学方面交流十分频繁，法国使馆基本上每年都举小针对新入职的高校法语教师关于教学法方面的系统培训，青年法语教

① 傅荣：《〈欧洲语言共同参考框架〉要点述评及其对我国高等学校专业外语教育的借鉴意义》，《中国外语教育》，2009年第3期，第37页。

师确实从中获益匪浅，但如果没有对此种教学观念进行辨证反思，而直接拿过来，法语教学中重视中国文化教学的声音会越来越弱。

虽然法语专业高年级也开设了翻译课，但课程主要还是传授翻译技巧，借此和法国文化对比分析和研究中国文化的还很少。

（三）学生普遍缺少对中国文化缺失造成的严重危害的意识

根据语言、思维、文化的关系理论，我们知道，语言渗透着文化，会对学习者的思维产生潜移默化的影响。法语学习者由于对法国语言文化的长期模仿和浸透，容易对其产生认同，如果学习者对中国文化缺乏深刻了解，没有文化自信，就容易出现认同法国文化超过中国文化的现象。法国媒体和其他西方媒体一样，对中国常常进行一些不客观的报道，如果学习者没有树立本民族的文化意识，再经常阅读此类文章，结果会不知不觉受到影响，造成思想上的偏差，这种情况虽然不常见，但也绝不是个例。笔者在教学实践中，也确确实实遇到过这样的学生，在毕业论文中的笔调完全是西方媒体的口吻，而自己却浑然不觉。受全球化的影响，如今法语专业学生更喜欢学习和了解法国文化，而不是自己的中国传统文化，从长远来看这种倾向是非常危险的。

（四）教学大纲缺少中国文化的教学内容

法语专业现行《高等学校法语专业基础阶段教学大纲》（1988）和《高等学校法语专业高年级法语教学大纲》（1997）都明确指出法语专业教学中要注意语言对象国社会文化因素："语言是一定社会文化的产物。要有效地运用一种外语进行交际，就必须对所学语言国家的国情和社会文化背景有所了解。因此，必须结合语言教学介绍有关知识，并与我国文化传统对比，指出两者在语言上反映出来的差异，使学生逐步具备文化比较的能力。"我们看到，大纲遵循了语言和文化的密不可分，相互影响的原则，重视法语文化，要求教学要把语言教学和文化教学结合起来，教学内容涉及法国历史、文化、社会、政治、经济等各个方面。但大纲没有认识到母语对提升外语学习动机和把握深层次外语文化的重要作用，忽视中国文化教学，虽然提到教学中的中法文化比较，但没有把中国文化明确列入法语教学内容，也没有把培养跨文化交际能力列入目标。

（五）缺少相关的课程设置，教材缺少相关内容

课程设置是教学大纲直接的体现，各大学的法语专业基本都开设了《法国概况》、《法语国家与地区概况》或类似的法语文化课程，但有关中国文化的课程在各层次教学中鲜有设置。笔者查看了全国高校的主要法语专业的课程设置，中国文化的法语课程在高校本科阶段基本为空白，只有包括外交学院在内的极少数法语专业硕士阶段开设了《中国传统文化》这一课程。没有相应的课程设置，有关中国文化的法语表达只能由学习者自己凭兴趣去学习，难怪法语专业学生无法自如地向法国人介绍和传播自己的母语文化。

教材方面，就本科生普遍使用的北京外国语大学《法语》(4册），上海教育出版社的《法语综合》(4册）中关于中国文化主题的课文只有1篇。虽然跨文化交际能力绝不是学会用法语表达中国文化的特有词汇，但这是法语专业学生应该熟悉和了解的最基础的知识。

三、如何加强法语专业教学的中国文化教学

根据上文分析的问题根源，笔者建议从以下几个方面加强法语专业的中国文化教学。

（一）树立法语专业学生的母语文化意识并明确其肩负的使命

法语专业学生非同于一般的法语学习者，法语专业毕业生绝大多数都将在外事部门工作，和法国人以及其他法语国家的人打交

道，成为双方交流的使者。交流是双向的，这就要求他们要了解法国及法语国家文化，更要清楚自己的文化。在“多层面对话”的时代，中国积极参与国际合作与对话，努力参与和推动不同文化之间的对话，了解彼此的文化是正确认识和理解对方的基础，只有加深认识，才能比较客观、正确地判断对方。在世界渴望了解中国的今天，在法语教学中需要让学生从学习法语的第一课就意识到他们推介中国文化这一重要使命。

要想让学生在思想上真正树立母语文化的意识，就要给学生多提供和创造参与国际交流的机会，只有他们自己有了切身体会，才会真正重视中国文化。记得一位代表中国参与法国国庆阅兵式和第一次世界大战百年纪念活动的法语专业学生在总结中写道：在法国和来自世界各地的代表团齐聚一堂是非常难得的事情，但是与来自不同文化背景的人相处又没有想象中那么容易，这次我切切实实地感受到了文化冲击是什么样的滋味。虽然参加这次活动的青年代表大多是国内层层选拔的，但是他们对中国的了解并不多。我们一行在最初的几天不厌其烦地解释着中国人耳熟能详的东西……尽管能够参加这种重要活动的学生还是少数，但是可以让参与过的学生向其他学生讲述自己的经历和体会，让学生意识到在中法和中非交流中，了解自己文化的至关重要。

（二）明确教学大纲内中国文化的内容

法语专业现行《高等学校法语专业基础阶段教学大纲》（1988）和《高等学校法语专业高年级法语教学大纲》（1997）分别制定于29年和20年前，当时中国还处于改革开放初期，中国人希望了解西方，了解世界，而世界还没有像现在一样关注中国，学习法语的主要目的是了解法国社会、法国文化，还没有意识到中国文化在中法跨文化交流中的重要作用。如今

二三十年过去了，随着中国企业走出去，除了法国，中国和非洲很多法语国家的交流也日益增加，这些国家同样也需要了解中国

和中国文化，所以建议法语专业教学大纲能够把中国文化明确列入教学内容。

（三）开设中国文化的法语课程，扩展教材相关内容，加入相关测试内容

落实教学大纲就要开设相关的课程，这需要纠正过于强调母语文化负迁移的教学理念，在本科、研究生各级课程中开设和中国文化相关的法语课程，可以由浅入深，在本科阶段可以学习一些关于中国文化的浅显篇章，目的主要在于掌握基本的词汇，同时弥补大多数同学对中国文化知识的不足，并利用法国概况课程的相关主题课进行中法文化对比，启发学生思考并组织学生讨论。在研究生阶段可以选择关于中国历史、哲学、宗教等深层次的内容作为课程内容，研习法国汉学家、中国哲学史家等著作，重点在于深入思考中国传统文化的精髓。

随着中国孔子学院的建立，中国文化读本的翻译特别是法语广播、电视、网络等传媒的发展，关于中国文化，包括传统文化的法文材料并不少，但法语专业教材中选用相关主题的材料却很少，鉴于前面提到的本科教材中国文化内容的缺失，建议修订教材时，扩展各层次法语专业教材内容，增添和中国文化相关的各种纸质及视听等多媒体材料。还可以利用现有的阅读、翻译、写作等课程，将中国文化内容渗透进来，目前有些大学的英语专业已经开始类似的教学实践，受到了同学们的普遍欢迎。总之，让学生在中法两种文化的对比中思考和学习，最终达到学生在向法国人和法语国家人推介中国时言之有物。

明确了法语课程中的中国文化内容，还要通过测试来检验学习的效果，测试也应加入相应内容，况且测试本身就是一种加强学生对中国文化的重视的手段。

四、结语

本文通过语言、文化、外语教学和跨文化交际的理论，分析了法语专业教学中的中国文化缺失的根源：大背景下的中国文化缺失，忽略中国文化的教学理念再加上学生普遍对中国文化缺失危害的意识不足，导致中国文化内容在法语教学大纲中没有明确规定，缺少相关的课程设置，教材缺少相关内容。法语专业教学中存在的这一现实确实无益于跨文化交际人才培养目标的实现和中国文化“走出去”战略的实施。因而笔者在最后部分对克服问题提出了一些建议：树立法语专业学生的母语文化意识并明确其肩负的使命；明确教学大纲中的中国文化内容；开设中国文化的法语课程，扩展教材相关内容，加入相关测试内容。希望通过自己对法语教学中的中国文化问题的思考和分析，有益于培养合格的跨文化交际法语翻译人才，正如何其莘教授所说：“……要使我们的学生，起码是部分学生，有能力用准确、地道的语言承担起传播中国文化的重任。”

美国逆都市化进程发展趋势分析

英语系　张晓立

引　言

美国是最早全面完成工业化和都市化进程的西方大国，也是最早开始逆都市化进程的发达国家。美国逆都市化进程的发展显示了美国社会经济结构性的变化，也是美国社会经济结构应对不断变化的发展现实的结果。美国的城市发展有其独特性，但也为其他经济体的城市化提供了许多有益的经验和教训。分析美国逆都市化进程可以为其他新兴经济体和地区在社会经济发展过程中迟早要面对这个问题提供一种背景和结果分析的可能性。

一、提出问题研究的背景

在广义美国研究的学术领域中，特别是在美国社会文化研究领域中，有两位学者的学说和观点是不容忽视的。他们的观点，尤其在研究美国社会形态演变和城市发展方面，更是值得特别的重视。一位是以提出美国社会文化发展及演化进程中“三化”塑造力量著称的社会学家卡尔·戴格勒（Carl Degler），[①] 另一位则是美国文明文化研究领域中大师级学者、已故哈佛大学终身教授丹尼尔·贝尔（Daniel Bell）。两位学者都从全面综合的角度论述了美国社会发展的原动力和发展趋势。前者提出了“都市化”对于美国社会文化的塑造成型和推动作用；后者则首先提出了“后工业社会”的概念并论述了“后工业社会”的具体界定标准，[②] 同时贝尔认为美国是世界上第一个全面正式进入“后工业社会”的主要西方国家。这种对美国社会形态的递进和演变的分析框架对于人类社会未来发展提供了指标性和标志性的文本意义和现实启示。本文拟从后工业化社会发展特征的角度，对都市化进程的反动力量和趋势——逆都市化（counter-urbanization）进程展开定性和定向分析，提出一些基本的看法和观点。并据此提出对后发工业化经济体在城市发展进程中的启示作用。

二、所述问题的定义和基本成因

逆都市化进程的基本定义：对于逆都市化定义的讨论和认识可以在两个不同层次上依次展开。一个是将逆都市化进程作为一种综

---

① 卡尔·戴格勒是美国著名文化历史学家，曾于20世纪80年代担任美国历史学会会长，是美国文化历史学界的名人。他于1959年出版了《来自过去：塑造当代美国的力量》（Out of Our Past: The Forces That Shaped Modern America）一书，讨论了塑造当代美国社会发展成形的力量，提出“工业化”“都市化”和“移民化”为当代美国的三大塑造力量。戴格勒认为，是美国的工业化进程改变了美国的经济结构；是美国的移民化进程改变了美国的种族构成；是美国的都市化进程改变了美国人的生活和工作方式。详细信息请参考：Out of Our Past: The Forces That Shaped Modern America (1959, New York)。

② 丹尼尔·贝尔是当代美国批判社会学和文化保守主义思潮的代表人物。他从传播技术和传播内容、传播者和接受者的角度，剖析了大众传媒在新教伦理向享乐主义、现代主义、后现代主义的反文化蜕变过程中的社会作用，从而把大众传媒与资本主义文化危机之间的关系揭示出来。作为一名“介入型”学者，贝尔密切关注并深入广泛分析了当代社会政治、经济、文化各个领域的现象和问题，撰写了一系列颇具影响的著作。他的名字和“意识形态的终结”“后工业社会的来临”和“资本主义文化矛盾”总是紧密地联系在一起。1960年之后，一般认为工业社会已进入一个变化期，跟100多年前欧洲社会由农业社会转变成工业社会一样巨大。

合社会经济形态发展的定义，这是属于宏观社会经济发展政策研究层面的，需要政府负责城市规划和发展的各个部门的综合研究并制定相应政策；另一个则是较为单一的人类居住环境选择的判断，涉及居民家庭个体的居住地选择，属于微观经济学和地理经济学研究的范畴。第一层次和第二层次统一的基本定义是，逆都市化是一种有目的性的主动或者被动离开繁华拥堵都市地区的人口和经济活动的方向性运动。其推动因素包括过高的土地应用成本、对于社会发展过多的地点和空间制约、不断增高的税率、不断恶化的交通拥堵和环境污染。而拉动因素则反之：包括廉价和可利用的闲置土地、更大和更宽松的发展空间、发达快捷的交通工具和通信手段、新型的工作方式，等等。在发达经济体，这种逆都市化进程表现得尤为突出。美国早在20世纪70年代就开始了这个进程，80年代形成峰值，90年代继续发展，而到了21世纪，这个进程基本完成。在此发展和演变过程中，除去市场等客观因素使然，美国政府的宏观政策导向也产生了积极推动作用。就人口居住环境定义而言，逆都市化本身就是一个简单的人口移出城市的居住地再选择行为，是一种人文地理经济现象。这种变化从20世纪50年代起首先在经济发达国家中出现。[①] 形成这种变化的主要有以下几个方面的因素，涉及经济生产方式、日常生活方式的变革。首先是交通工具的变革，最重要的是私人汽车拥有量的变化。距离已经不再是影响人们出行和交往的主要障碍。其次，信息技术革命所引发的通信通讯工具的革新改变了传统的工作方式，越来越多的人可以在家里处理日常工作事务和完成大部分商品和服务的消费活动。再次，大城市居住和休闲环境的恶化使得有经济条件和即将退休的人群开始主动选择远离

① 《后工业社会的到来》(1973)(The Coming of Post-Industrial Society)一书是哈佛大学的社会学家丹尼尔·贝尔(Daniel Bell)的著作。贝尔在书中认为，现代工业社会正在进入一个新的发展阶段，即后工业阶段。其特征如下：1.由产品生产转变为服务生产；2.职业：专业／技术人员主导；3.理论知识居中心地位；4.未来：技术评估及智能技术的重要性；5.管理革命：管理由人与自然转变为人与人；6.新的匮乏——信息、时间、资源的供应不够；7.信息经济的挑战：信息＝公共物品。

都市的尘嚣和嘈杂，到都市边缘和较为清净的地区居住。这种现象在目前有些新兴经济体内也出现了，例如中国、俄罗斯、印度、巴西等。最后，政府产业政策的导向鼓励在都市边缘地区建立新的产业开发区并配套建立相应的生活区域和设施，提供了大量有技术含量的工作机会，从而吸引了大批专业人士离开传统都市的居住和工作范围，形成了新的工作和居住区域（也就是城市经济学中所说的卫星城和城市周边小城镇）。这种新的工作、生活和居住区域形成了中心大城市的必要补充，也是逆城市化的雏形。北京地区周边新兴的高校园区（沙河高校园区、良乡高校园区、廊坊高校园区），特别是北京副城市中心的规划和建设，是这种新工作、生活、学习和居住的典型代表，也是疏散城市中心区人口、降低大城市人口密度的途径之一。随着城市轨道交通的延伸，这种大城市向周边地区辐射性扩展，从而形成独立的卫星城推动逆城市化趋势将越来越明显。

三、相关问题的提出

都市化是伴随人类工业化尤其是现代化进程而出现的一种社会经济和人文发展现象，是人类历史进程中的阶段性产物。当欧洲，特别是英国开始工业化进程的同时，大规模的都市化进程也就随之开始。而美国更是将工业化和都市化进程同步展开。都市化伴随工业化基本同步发展是事物发展内部客观规律使然。而工业化的基本完成为都市化的逆向发展提供了内在动力。物质的极大丰富，生活方式的创新，人们自由度的空前提高，为都市化新阶段的启动注入了活力。其中最重要的原因是出现了人们对于生活方式选择的多元化和生活居住形式的多元化。许多人认为，逆都市化进程是都市化发展到一定阶段的产物，是对极度和过度都市化进程的一种自然应对和积极反动。就事物发展阶段而言，这种观点不无道理。但是，也必须指出，当前以美国为代表的发达国家所出现的逆都市化进程趋势不是对都市化进程的一个简单的形式上的反动，而是一种在更高层次上的地理经济和生活方式的转移和变迁。这种观点所论述的问题核心是对都市化定义的更新和再认识。从事物发展规律的角度分析，任何事物的发展基本上都遵循肯定—否定—否定之否定—肯定的演化路径，从而形成一种螺旋式的自我否定和扬弃，并衍生出更新形式的发展阶段的演变规律。所谓逆都市化进程的现象也并非例外。然而，问题的核心是逆都市化既不是对都市化的简单否定和反动，也不是对非都市化状态（农村和田园居住状态）的线性回归，而是一种更高层次、更新形式的人类社会居住模式的历史演变和具体实践。如果说，按照戴格勒“三化”塑造论的观点，美国社会必然伴随工业化而形成都市化进程的话，那么当这个社会发展状态全面进入了贝尔所界定的“后工业社会”形态时，当工作性质和产生财富的途径发生根本性变化的时候，当人们主动或者被动地选择一种新的生活方式之时，是否会出现一个与之相适应的新的人类居住方式和环境？出现这种新居住状态的内部动因和外部推力又是什么？这才是研究和探索该问题的本质和意义所在。逆城市化最早源于英国著名边缘城市地理学家霍华德(E.Howard)于19世纪末针对当时英国都市化进程迅猛发展趋势所提出的一个美好概念，即花园城市。[①] 然而，霍华德提出的这个概念仅仅是出于对大规模都市化发展所产生弊端纠正的主观冲动，而并没有深刻反映逆都市化进程所必然产生的内部动因。因为，所谓逆都市化现象或者进程一定是与都市化现象或者进程紧密相关的。没有前者的存在和发展，就没有后者的出现和形成。真正所谓的逆都市化概念是由英裔美国学

① 花园城市(garden city)定义：英国城市规划师霍华德(E. Howard)于1898年针对英国快速城市化所出现的交通拥堵、环境恶化以及农民大量涌入大城市的城市病所设计的以宽阔的农田林地环抱美丽的人居环境，把积极的城市生活的一切优点同乡村的美丽和一切福利结合在一起的生态城市模式。花园城市的设计思想在西方产生了很大影响，此后美国、加拿大、阿根廷、德国建立了一批花园城市。二战之后，英国的《新城镇法案》拉开了大量建设花园城市的序幕。

者、著名城市地理学家布莱恩·贝利（Brian Berry）于20世纪70年代末首先提出来的。而这个概念的提出恰好与美国社会进入后工业时代和种种特征相吻合。工业化进程催生了产业工人阶级的出现和形成，并推动了都市化的进程；而美国都市化的进程则进一步将大批中产阶级通过产业分工和收入排比从产业工人阶级集团中剥离和分离出来，形成了美国社会经济发展的中坚力量。在发达经济体中，特别是像美国这样的移民社会和工作和居住地址流动性较大的国家，只有当大量中产阶级出现了，都市化进程才真正开始形成规模并进而影响大众的居住意识和习惯。而只有当都市化进程深入发展到了一定的程度，特别是由于都市化进程的种种弊端充分显现出来，当人类社会的经济发展具备纠正这些弊端的物质基础之时，逆都市化进程才有了产生和发展的社会群体意识和物质基础保障。也只有在具备了社会群体意识和基本物质基础保障之后，政策层面的改变才有可能出现。这是一个社会城市发展从都市化到逆都市进程逻辑演变的基本轨迹和普遍路径。

四、问题发展的特征：美国案例的剖析

逆都市化进程从本质上说是人类都市化进程的一部分，也可以说是必然结果或者说未来趋势。与此同时，逆都市化进程也是一种人类社会经济发展阶段性的自然产物，且具有复杂和丰富的人文、社会、经济和文化内涵和后果。美国的都市化进程是伴随着工业化和移民化进程而开始的。都市化进程本身也经历了几个不同的发展阶段。其中在都市化和逆都市化转化进程中有过一个介于两者之间的城市发展阶段，叫做郊区化，或者称之为次都市化，或者叫作去都市化进程（Suburbanization or de-urbanization）。这个过程既可以理解为都市化进程的一种延伸，也可以视为城市化发展的一种理性选择。不管出于何种原因，次都市化或者去都市化都是逆都市化

趋势的一种前奏。造成次都市化的根本原因还是出于人们对于城市生活节奏和生活环境日益不满的内部冲动以及交通和通信技术手段的发展推动使然。在欧美地区，特别是在美国这样的多种族移民社会，造成次都市化的原因还有一个，那就是人类学和社会学中的一个概念叫做“白色逃离”（white flight）。[①] 由此可见，不管是次都市化运动，还是逆都市化趋势，除去技术进步和经济发展等原因，文化和种族因素也起到了重要的作用。这点在美国尤其如此。根据美国联邦政府住房权威机构的统计，美国早在20世纪30年代就已经完成了全国范围内的都市化。而从第二次世界大战后的50年代起，美国开始了次都市化和逆都市化的趋势。到21世纪初，逆都市化已经完全取代了都市化成为改变美国人居住模式的主导力量。[②] 如果说当年戴格勒提出的“三化”（工业化、都市化和移民化）塑造美国文化的论点表明了美国社会在工业化初期的社会特征，那么完全可以说，“新三化”（信息化、逆都市化和数字化）趋势正在成为塑造美国当代文化的力量。如果要了解当代美国人生活方式改变的动力以及信息时代人们生活方式的转型，则需要从逆都市化过程中寻找答案。这也是分析美国逆都市化进程动因的主要理由。这种分析对于目前新兴经济体大力推进的都市化进程有着前瞻性借鉴意义。对于中国和印度这样的人口大国，在都市化进程中出现的所谓超大城市的现象所形成的现代都市顽疾，包括交通堵塞、基础设施陈旧、空气污染、居住环境恶化、公共服务设施缺位和不足，等等。这种现象在像北京、上海、孟买、加尔各答、墨西哥城

① 所谓“白色逃离”是指白人出于文化和种族的不安全感，主动撤离城市中心区，远离不同种族混杂区域，搬到城市附近的郊区，形成一个种族成分相对单一的居住区域。这种现象在美国20世纪60年代表现的尤为突出。其主要原因是黑人民权运动的影响大幅提高了美国有色人种的政治、经济和社会地位。

② 进入20世纪以来，伴随着都市化进程的完结，次都市化/去都市化进程就随之开始了。美国联邦政府相关部门的统计表明，自从20世纪30年代，有超过80%的美国人居住在城市，美国基本完成都市化之后，从20世纪50年代起，有大约1/4的美国人居住在城市郊区。而到了2010年，有超过70%的美国人居住在郊区或者是在大城市的卫星城，从而开始了美国逆都市化的进程(相关信息来自于美国政府官方网站2016年版本)。

等超大城市中随处可见。都市化进程中超大城市的出现已经从资源供给的角度迅速逼近了一个现代文明均衡发展的都市所能承受的极限。这也是新兴经济体人口大国必须面对的现实挑战。北京市政府在其城市发展长期规划中提出的疏散城市中心区人口向近郊有计划的迁徙，鼓励城市中心区居民搬迁到北京近郊的卫星城居住和生活，建立首都北京副行政中心，甚至可能未来成立所谓的中央政务区的设想，这一系列的举措也许就是一种中国式的逆都市化进程的开始或者实施。就这个领域而言，借鉴发达经济体在这方面的经验无疑具有现实意义。美国作为在逆都市化进程方面领先的国家，积累了相当丰富的经验和需要汲取的教训。值得其他经济体对此进行系统和有针对性的研究。城市发展不但是一个经济活动，也是一种人文现象，更是一种阶段性的社会发展趋势。不同经济体在城市规划的制定过程中一定要考虑每个经济体不同的社会、文化传统和生活风俗习惯。

从文化渊源和社会传统观念的角度分析，美国社会整体上是一个崇尚和鼓励个性解放和尊重个人选择的社会。无论是工作的选择，还是居住地的选择；无论是都市化进程，还是逆都市化进程，除去宏观的技术发展因素和客观规律，其主要原动力还是出于人们对于生活方式的主动定位和偏爱选择。当然，这种生活方式的选择必须与更大的社会经济发展环境相适应。从大约20世纪70年代起，美国社会的经济结构已经呈现出贝尔所界定的“后工业社会”形态。其中最主要的特征就是制造业和产业部门在国民经济产出比例中的比重不断下降，服务业和技术部门的比重持续上升。[①] 这种产业结构促进了美国都市化发展不同趋势的产生。作为服务业重要成分的商业和零售业往往与居民居住地的人口密度相关。因此，服务业的扩大与逆都市化趋势的发展具有正相关的联系。从一定意义

① 据美国联邦政府2016年宏观经济数据显示，在美国目前国民经济结构比重中，广义服务业占据了大约75%的份额，成为美国就业和收入的主要来源。

上说，如果说美国的工业化造就了美国的都市化，那么当代美国的信息化和服务业的发展促进了美国逆都市化的进程。因此，无论是都市化还是逆都市化，都与经济发展的结构性演变有着密切关联。城市的发展代表了一个经济体整体经济结构的未来发展趋势。从经济发展的客观规律分析，工业化和都市化的进程可以说是同步的。这是由现代大工厂生产方式所决定的。而在信息化时代和数字化时代，大型城市的发展需要什么模式，遵循何种路径，这对于新兴经济体则是一个未来必须面对的挑战。逆都市化是否就是一种唯一选择仍然是个开放式和探讨性的问题。

五、问题发展和演化的新趋势

进入新千年以来，各国对于气候变化的持续关注和低碳环保生活方式的大力提倡导致了一个新兴运动的产生，即简约生活方式（life minimalism）。[①] 而令人感到鼓舞的是，这种以环保低碳为理念的生活方式对于逆都市化进程产生了意想不到的影响。甚至在一定程度上促进和丰富了逆都市化进程、趋势和内涵。众所周知，由于美国文化的独特性和其自然资源储量的相对优越性，美国是一个高碳生活的国家，也是一个从文化观念和生活方式上一贯提倡“大”的国家。人们在现实生活中追求大房子、大汽车、大都市、大商场，等等。这固然与美国得天独厚的自然禀赋有关，但也是美国消费文化理念的一种传统基因。但是，这种观念正在逐渐改变。简约生活主义就是这种观念的典型代表。简约生活主义提倡低碳生活方式，住小房子、开小排量汽车或者尽量不开车而使用公共交通

① 简约主义(Minimalism)最早是一个应用于艺术和建筑领域的专有概念。其核心概念就是对事物的最简单化处理。后来这个概念被引申到其他领域，例如在政治学中，Minimalism的意思是最小或最少干预行为或最保守行动。现在这个概念的外延被大大扩展，主要是在生活方式中采取简约、节约和降低物质需求的一种新型环保与低碳生活方式。

工具、使用小容积冰箱、低功率空调、不占据更大的私人绿地，等等。基于上述行为理念，美国中产阶级开始在大城市的边缘，但公共交通发达的地区租住小面积的房屋，从而形成了一种二次郊区化浪潮的回归。这种行为理念已经开始对美国主流人群的生活方式产生影响和冲击，从而改变美国目前的都市化发展格局。美国作为世界上唯一的经济、政治和军事超级大国，其所倡导或者反对的生活方式与模式对于世界其他国家有着巨大的正面或者负面的示范效应。因此，研究美国社会的发展趋势在一定程度上就是预测人类未来发展模式如何选择的有益尝试。虽然中国与美国的国情有很多的差异，但是居民个体生活的基本要求和需要还是大致相同的。世界经济发展史也表明，美国社会发展的基本层面特征对于后发工业国家还有着极大的引领和示范作用。就这点而言，研究美国逆都市化进程对于中国未来城市发展不无裨益。

六、简单的结论

伴随工业化和移民化进程而兴起的都市化是美国社会经济发展的特征。除去国际移民化这个美国和其他移民国家所特有的因素外，都市化也是许多发达国家和新兴经济体曾经和正在经历的发展阶段。都市化是现代化的一个标志和象征，也是人类文明发展的体现，是人与其生存环境互动博弈的结果。然而，都市化所表现出来的种种弊端也为其反方向的发展趋势，即去都市化进而逆都市化，奠定了现实基础。[①] 因此，都市化与逆都市化是一个事物的两个方面，其本质都是人为了寻求更好生存环境而努力的结果。全球气候变化和生态危机的现实迫使人们更加清醒地认识到人们生存方式

① 根据权威机构对于大都市生存环境的调查，基本可以归纳出都市的几个主要弊端：1.拥堵的交通状况；2.难以避免的城市犯罪；3.恶劣的大气环境污染；4.嘈杂和昂贵的生活环境；5.单调和单一的生活模式。

的选择决定着人类整体未来的命运。从这个意义上讲，无论是都市化、次都市化，还是逆都市化，都是人类整体生活方式和生存方式的主动选择。而问题的核心是，选择何种生活方式更加符合人类未来可持续性的生存和发展？很显然，以低碳环保为理念的简约生活主义符合人类的整体利益。美国政府的宏观经济政策应该顺应这种趋势，而不是屈从于类似能源和石油等特殊利益集团的本位利益，以牺牲环境和资源为代价维持其全球经济霸主的地位。作为全球经济风向标和领航者的美国在这个问题上的作为将直接影响到人类未来的生活质量和生存安全。也正是基于此，对于美国逆都市化发展趋势的分析就更加具备现实意义。研究和追踪发达国家逆都市化进程的发展趋势有助于预测和分析新兴工业国家在此领域中可能出现的一系列从生活方式到生产方式变革的可能性和现实意义。

参考文献：

1. 中国社会科学院国民经济研究所主编:《2015—2016年中国生产力发展研究报告》,《世界城市化趋势与中国城市化发展研究报告》，中国经济科学出版社，2016年。

2. 刘士林主编:《教育部哲学社会科学系列发展报告：2016年中国都市化进程》，高等教育出版社，2016年。

3. 王旭:《美国城市史》，中国社会科学出版社，2000年。

4. Brian Berry, Comparative Urbanization, 1998.

5. Carl Degler, Out of Our Past, the Forces that Shaped American Society, Basic Publisher, 1984, New York.

6. Daniel Bell, The Coming of Post-industrial Society, Harvard University Press, 1976.

台湾政治文化的形成及特点

图书馆 张蕴之

从2014年台湾地区的“九合一”选举，再到2016年台湾地区领导人选举，台湾蓝绿的版图发生了所谓的“大变天”。仅仅几年的时间，彼时风光无限的国民党遭遇如此重大惨败，为何国民党执政期间，两岸关系发展得越来越好、大陆与台湾交流越来越紧密，统一的未来却看起来更加遥远了呢？与解释其他地区的政治现象不同的是，台湾的“尴尬历史”和今天的“尴尬境地”以及台湾“人口组成的尴尬”使得解释台湾的政治现象活动时必须充分考虑台湾政治文化的影响。本文将重点讨论台湾政治文化的形成以及台湾政治文化的特点。

一、政治文化与台湾的政治文化

关于政治文化的定义，学者们有不同的观点。美国的政治学家阿尔蒙德认为：政治文化是一个民族在特定时期流行的一套政治态度、信仰和感情，强调政治文化是政治体系的心理方面。[①] 其他学

① ［美］阿尔蒙德：《比较政治学：体系、过程和政策》，东方出版社，2007年，转引自韩海涛：《国内学者关于政治文化研究的综述》，载《山东科技大学学报》，2003年第2期。

者关于政治文化的定义大致分为两类，一种认为政治文化是政治心理或是政治意识的结构，另一类认为政治文化除了政治心理的内容外，还包括政治思想和政治制度。而我国在政治学发展的过程中，在具体的界定上也形成了较为一致的看法，即政治文化就是一个国家中的阶级、民族和其他的社会团体，以及这个国家中的成员，在一定的生产方式的基础上，于一定的经济、政治和文化环境中形成的关于国家政治生活的政治心理倾向和政治价值取向的总和。[①] 王浦劬认为政治文化是特定社会政治关系的心理和精神的反映。[②] 本文采取王浦劬的观点，认为政治文化应保持该词原本含义，即注重与制度相对应的思想层面。

正如上文所提到的政治文化注重思想层面，因此首先政治文化的形成和表现往往是复杂的，其次政治文化所产生的影响也是深远的。美国的两党由谁执政可能处在动态变化过程中，日本的首相也可能如走马灯一年一换，但美国的民主自由的具有宗教影响色彩的政治文化却不会潮汐变化，日本的等级观、耻感文化、集团主义[③]的政治文化也不会发生改变。因此，考察台湾社会政治文化的意义同考察台湾当局的两岸政策一样重要。台湾社会的政治文化形成由于上文所述的“三个尴尬”显得更加复杂，它们对台湾当局处理两岸关系以及台湾民众对待大陆的态度具有深层次的影响。

二、台湾的政治文化的形成

考察台湾社会政治文化的形成首先要考察台湾特殊的历史，上文所述的“尴尬”历史便是：台湾虽然很早就和大陆确立了关系，

① 韩海涛：《国内学者关于政治文化研究的综述》，《山东科技大学学报》，2003年第2期。

② 王浦劬：《政治学基础》，北京：北京大学出版社，2006年，第280页。

③ 臧秀玲、宋小霞：《日本政治文化对外交政策的影响》，《东北亚论坛》，2006年第1期。

成为了中国的一部分，但是直到清朝统一台湾之后，才设置“一府三县”，形成了中央对于台湾的实际管辖，进入近代之后，又在日本的殖民统治下度过了50年的日据时期。台湾光复后，又在与大陆对峙的国民党的集权统治之下，直到20世纪80年代末民主化浪潮之下，台湾社会才结束了38年的戒严，进入了新的时期。复杂的历史背景对于台湾政治文化的复杂化有直接的影响。本文将台湾社会的政治文化的形成分为四个部分，分别是中国文化的移植、殖民时代的影响、台湾意识的形成、自由民主思想的传播，它们不是一个简单的历史时间的串联，而是螺旋化的互相交织形成的政治文化。

（一）中国文化的移植

台湾社会本质上是一个移民社会，根据台湾“内政部”《91年台闽地区国民生活状况调查》显示，2002年台湾的闽南人和客家人占87.8%，[①] 这还不含受访中认为自己是大陆各省市的人和“很难说”的部分。因此关于台湾和中国大陆之间血脉相亲、同根同源的说法完全是符合历史事实的，使得无论如何“去中国化”，台湾社会的主体政治文化是中国政治文化。外交学院王为认为台湾社会对于中国传统政治文化的承袭表现在这两个方面，第一是“‘权力为本’的政治观念”，台湾社会同样存在中国大陆的社会中对于权力的崇拜、“官本位”的政治文化、官僚主义的盛行和社会对权力的崇拜，而且特权阶层在台湾的形成与大陆具有极大的相似性；第二是“宗法观念成为长期维系社会关系和社会秩序的基础”。通过家族内部的血缘亲疏所形成的宗族社会在中国的福建广东地区和台湾地区尤为明显，宗族内部的等级观、荣誉观都深刻影响台湾政治，形成某种世袭态势。[②]

① 徐富珍：《番薯+芋头=台湾土豆？——台湾当前族群认同状况比较分析》，http://homepage.ntu.edu.tw/~psc/C2004paper/6-3.pdf，2014年12月14日登录。

② 王为：《台湾地区政治研究》，北京：世界知识出版社，2011年，第136页。

（二）殖民时代的影响

1895年的《马关条约》，台湾被迫割让给日本，台湾进入了50年的日本殖民时期。50年间，日本殖民者对于台湾进行了残酷的统治，企图将台湾变为日本的一部分。其中影响最为深远的当如日本侵华后在台湾所实行的“皇民化”运动，“皇民化”运动的破坏性不仅仅在于殖民者一般的掠夺性破坏，而且通过文化殖民采取强制性措施，对台湾的社会教育、文化和风俗进行全面的管制，试图改变台湾社会文化中的中国内核。“皇民化”运动是对两岸之间文化联系的血腥撕裂，经过长期的奴化教育和训练，台湾社会一定程度上陷入了某种政治认同的混乱，强化了台湾对祖国的疏离感。[①]台湾政治文化特点中认同的多元复杂化，殖民因素是至关重要的一环。殖民因素一方面使台湾的“日本情结”更为浓厚，另一方面台湾作为与大陆分割的独立实体整整存在了50年，这种50年的相互分割和后来国共内战造成的两岸隔离使得一些人认为两岸分治已属常态，这成为一些“台独”思想的来源地和“台独”理论的依托。

另一方面，台湾人民持续反抗日本殖民统治，甚至建立“台湾民主国”以自谋保台。日军占领台北后各起义军奋起抗争，在日本帝国主义侵占台湾的半个世纪，台湾同胞的反日斗争绵延50载，牺牲了65万人，然而终因孤立无援均以失败告终。[②]这种殖民压迫下的孤立无援感延续到台湾光复，就形成了台湾政治文化独特的“悲情意识”，在国民党来台后的黑暗独裁统治下，特别是20世纪70年代台湾当局不得不退出联合国后，这种“亚细亚孤儿”的心态和“悲情意识”愈发浓重。

---

① 王为：《台湾社会政治文化结构变迁及其冲突性特征》，《太平洋学报》，2012年第2期。

② 何海兵：《台湾60年》，上海：上海人民出版社，2009年。

（三）"台湾意识"的形成

地区意识的形成往往同该地区受到外部威胁和冲击有直接关系。台湾社会内斗严重，无论是汉人和原住民、汉人中的闽南人和客家人、闽南人中的漳州人和泉州人都始终存在矛盾和争斗，但是外部的威胁和冲击使得"台湾意识"逐步形成且影响至今。历史可探究的台湾意识的形成大致包括这样几个阶段：台湾的明朝宦官坚持"反清复明"的斗争，这使得台湾社会坚守大明气节和江山、抵制"异族"清王朝，"台湾意识"体现了台湾人民不畏强权、不辱尊严的悲壮主义情怀。[①] 而当台湾被迫成为日本殖民地时，"台湾意识"则体现台湾人民的爱国情感和自救的勇气。

今天"台湾意识"的形成主要是两岸长期的隔离和台湾民主化的结果。根据台湾政治大学长期所做的关于台湾民众统独立场分布的统计，认为自己是中国人的台湾民众的比例从20世纪90年代起几乎一路下滑，从1993年的26.2%到2012年的3.6%，与此同时认为自己是台湾人的比例从1992年的17.6%上升到2012年的54.3%。长期以来国民党的统治不断在台湾强化关于"中国人"的概念，使得相当多的台湾人以"正统"中国人自居。然而两岸实力对比的迅速增大、台湾在国际社会空间的缩小以及台湾民主化后"台独"力量的壮大，种种因素都使"台湾意识"在20世纪80年代末到90年代初迅猛形成。自身被隔离的状态和经济发展的傲慢以及今天地位的落差使"台湾意识"在台湾社会成为主流政治意识形态。尽管"台湾意识"不等同于"台独"，但"台湾意识"确实成为"台独"意识形态的重要基础。

① 王为：《台湾地区政治研究》，北京：世界知识出版社，2011年，第138页。

（四）自由民主思想的传播

台湾政治文化的一大特点是对民主的推崇，这离不开台湾历史中的民主化运动。国民党退据台湾之后，开始了长达38年的戒严时期，所谓的“民主”和“自由”在这一时期基本无从谈起，但已经在大陆逐渐建立的“中华民国宪法体制”以及国民党所宣扬的“三民主义”理念传入台湾并深入台湾社会。

台湾世新大学教授彭怀恩将台湾的民主运动分为了几个阶段，第一阶段即《自由中国》时代，即胡适和雷震等人所创办的《自由中国》杂志，它宣扬了西方自由主义的思想，批判了当时国民党当局专制统治对台湾社会产生的深远影响；第二阶段则进入了沉寂的时代，这一时期台湾的民主程度低但执政当局的统治权未受到挑战，反对势力微不足道；第三阶段是70年代后由于台湾“外交屡屡挫败”，在国际上孤立无援，岛内的反对运动开始崛起，以知识分子为主体的党外人士汇集成反对威权主义统治的政治力量。他们提出的政治诉求中包含了争取民主自由权利、建立民主政治的内容，吸引了社会民众的认同和支持。[①] 第四阶段是威权政治的瓦解，一方面与两个政治人物紧密相关，尤其是蒋经国末期对于台湾民主化的推动为李登辉时期实现总统直选等行动奠定了基础，另一方面与当时党外的民主运动密切相关。

台湾民主思想的传播对于今天台湾的政治文化影响深远，无论政客有如何的政治野心和团体私利，至少他们都在民主制度的包装内。2008年以至于2012年台湾地区领导人的选举中，失败者坦然接受也表现了台湾民主制度和民主文化的不断成熟，台湾的案例也为包括泰国在内的其他亚洲国家树立了一种可能的民主的实现方式。

① 王为:《台湾地区政治研究》，北京：世界知识出版社，2011年，第138页。

三、台湾政治文化的特点

（一）认同的多元复杂化

正如上文所述的，台湾社会的政治文化的第一个特点是认同的多元和复杂化，这首先由于构成人员的复杂化，尤其是1949年大量中国大陆的外省人入台，相当于原人口的1/6，使得台湾的人员成分构成更为复杂。在蒋氏父子的统治之下，由于高压统治，台湾社会“中国”的认同感强，但在台湾社会民主化之后，认同的多元性开始凸显。认同“既是中国人又是台湾人”与认同“自己是台湾人”的人数并驾齐驱。包括在日本殖民文化影响下一部分人也对日本怀有亲近之情，这就加剧了认同的复杂和多元化，即单一一个中国的认同几乎已经难以在台湾社会占据主流。

（二）抗拒强权的意识

台湾社会存在抗拒强权的意识，这与台湾长期同殖民者和统治者的斗争密切相关，经历过反抗荷兰人、日本人的殖民统治一直到抵制国民党的威权统治，台湾民众抗拒强权的意识越来越强。从另一个角度而言，台湾在20世纪90年代逐步兴起的民主化也是党外人士不断抗拒强权的成果。这种抗拒强权的意识在今天表现为选举之中一旦候选人被贴上所谓的官僚、权贵的标签或者被贴上“打拼”“敢冲”的标签，境遇便完全不同，因此在这样的政治文化中，敢于质询立法院的明星和三级贫农出身的陈水扁能够获得民众所谓的“肚子扁扁也要挺阿扁”的支持，而官运亨通的连战和被贴上“权贵”标签的连胜文却接连失利。

这种抗拒强权的意识使得今天中国大陆经济实力的上升并未对台湾社会产生直接的正面效果，反而可能从另一个角度刺激这种所谓“抗拒强权”的意识兴起。因此了解台湾政治文化对于处理对台问题的灵活性具有极其重要的意义。

（三）“悲情意识”

经过荷兰、西班牙和日本加上国民党的“白色恐怖”统治，台湾社会长久以来一直存在所谓的“悲情意识”，这些从台湾人所唱的闽南语歌中可见一斑。日据时期台湾人的悲情是“内地人”和“本岛人”之间政治经济不平等造成的，当时歌曲中表现了台湾民众饱受日本殖民统治犹如“引阮入受难池”，深处殖民统治的台湾民众“前途失光明”于祖国分离“离叶离枝”；[①] 在两蒋时期由于国民党的黑暗统治使得台湾的民众无法真正当家作主，所有党政军重要职位都掌握在外省人的手中，台语歌曲唱出了光复后台湾人的“不公、不甘、不满”。正是因为在台湾悲情意识深入人心，每到选举的时候“悲情牌”往往能成为政党选举的有力武器，选举前的竞选广告往往将体现选举候选人艰辛和悲情的一面作为催票工具，所谓的“惊天一跪”“枪击案”等无不是“悲情意识”政治文化下特有的选举产物。

（四）“恐中”“恐共”心理

台湾社会，尤其是在民主化前，存在着“恐共”的心态，这主要是由于国民党在台湾对中国共产党的扭曲和丑化以及大陆在特殊时期所出现的“极左”运动，使得彼时的台湾人由于消息来源单一而产生了对共产党的恐惧心理。随着两岸交往的加深以及大陆经济实力和军事实力的崛起，存在于台湾的这种恐惧心理逐渐走向“务实”，从而形成所谓的“恐中”心态。1996年的台海危机，包括彼时的千岛湖事件都使台湾社会对大陆的恐惧感急剧上升。随着两岸的交流逐渐加深，这种“恐中”的政治文化可能逐渐下降，但若表达大陆实力的方式出现不当或失误，这种情感可能又将在岛内

① 黄鸿飞：《从闽南语歌曲看台湾人的“悲情意识”》，《福建社会主义学院学报》，2014年第3期。

蔓延。今年以来“反服贸”运动很大程度上可以说是一些人在操控“恐中”心态，扭曲谈判事实，宣称签服贸将使大量大陆资金和劳工来台，冲击台湾市场，等等。这是“恐中”文化在新时期的新发酵。

（五）“崇美”和“媚日”情结

台湾社会的“崇美”情绪主要成长于20世纪70年代和80年代。台湾中上层社会精英多有留学欧美的经历，深受西方民主自由文化的熏陶并活跃于台湾社会的政治、经济等各个领域，从而带动整个台湾社会沉浸在一种“崇美”的气氛中。而“媚日”来源就更为复杂，皇民化的教育、战后国民党对日“以德报怨”的政策、包括李登辉蒋介石等领导人个人因素，等等，这些都造成了深远的影响，包括整个社会对于“亲日”的长久性、对于两岸对外行为的不一致性和外部力量影响两岸关系的空间增大，等等。因此，理解了台湾社会的这种又“崇美”又“媚日”的政治文化，就可以从一个角度来理解为何两岸长期难以在保钓问题上采取共同行动、去年台湾地区和日本为何能签订渔业协定等问题。

（六）民主的推崇

正如上文所说，台湾社会对于民主的推崇到了一些人所说的“民粹”的程度，这与台湾民主的来之不易有密切的联系，总体上说台湾地区小、人民受教育程度较好，因此有良好的民主实践条件。尽管政党恶斗使得台湾社会族群撕裂严重、选举耗费台湾社会大量的人力物力，台湾民众依然对其民主引以为豪，民主价值成为现代化的重要标志，更加得到民众的认同。

对台湾政治文化的认识让我们对台湾社会有了更深入的了解，也为解决台湾问题提供了更多新的思路和方法。台湾政治文化中的多元化认同反映出台湾社会的复杂性，以及认同问题的严峻性；抗拒强权的特性启发我们对台工作应当更注重灵活性，避免建构强势的对岸形象；“悲情意识”使我们了解到台湾社会所经历的曲折历史以及台湾社会对“悲情文化”的推崇；“崇美媚日”的政治文化使我们在进行对台工作时应当有所警惕，减弱甚至消除域外因素的干扰；了解台湾社会对民主政治文化的推崇也使我们更能够把握台湾政局乱象背后的持续进步和文明，促进两岸关系的发展。

大众传媒在公共文明建设中的角色分析[①]

基础教学部　钟媛媛

当今世界正处在大发展大变革大调整时期，大众传媒作为社会组织的重要构成部分，是社会治理的重要手段之一，在社会主义公共文明建设中发挥着不可估量的作用。尤其是以手机、网络为代表的新媒体，以不可比拟的技术特点，极大促进了整个社会文化的发展和创新，与此同时，也加剧了世界范围内各种思想文化的交流、交融、交锋。此前，从未有过类似于网络这样的公共平台，在同一时期承载着各种社会思潮、各方利益诉求、各阶层情感宣泄。是机遇，也是挑战，大众传媒能否在公共文明建设中递交满意答卷，传递正能量，关键之处在于能否准确把握大众传媒在社会治理中的角色定位和分工，抓准大众传媒当前在公共文明建设中面临的实际困难，从而对症下药。

一、大众传媒在公共文明建设中亟须解决的问题

大众传媒在社会治理过程中虽然发挥着重要的作用，但也面临

① 本文为2015年北京市社会科学基金青年项目《媒介融合背景下北京市传媒道德状况研究》（15ZHC024）的阶段性成果。

着诸多困难和挑战，媒介帝国主义冲击民族精神家园的构建，网络民粹主义对真实民意瓦解，全民“愚乐”抢占真善美的市场，这既是隐忧也是挑战，既是困境也是机遇，大众传媒需要的是勇气和智慧，不断克服困难，突破困境，才能逐步打造优良的传媒生态环境，以积极健康的姿态引领全体公民的思想道德素质，以强大持久的力量推进社会主义精神文明建设。

（一）隐忧与挑战——媒介帝国主义冲击民族精神家园的构建

一个民族就像一个人一样，不仅需要物质财富，同样也需要精神食粮。一个民族的精神家园是民族凝聚力和亲和力的源头，能够给这个民族每个个体以归属感、认同感和安顿感，也是这个民族繁荣昌盛、生生不息的精神支柱。一个民族的精神家园如果走向荒芜，那这个民族赖以存在的文化根基、道德精神和凝聚力也会随之消蚀，失去灵气的民族也最终会因为日益突出的矛盾和冲突走向灭亡。现代性社会，一个民族的文化认同和精神归属越来越离不开媒体的力量，尤其是全球化的趋势，媒体已经成为帝国文化传播的重要载体。媒介帝国主义是在殖民统治特别是冷战结束后，全球经济一体化趋势下由经济霸权导引的一种文化霸权，与殖民主义统治时期西方列强对殖民地文化的压制和对自身文化的强制灌输不同，媒介帝国主义的一个显著特点是以一种更隐秘的方式，从文化和价值观上控制一个国家或民族。媒介帝国主义论者认为，通过控制媒介资源，西方发达国家，尤其是美国几乎支配着全球的信息和文化传播。“柏林墙倒塌之前，已被西方的电视和电影凿得千疮百孔”，这是作为软实力理论的提出者约瑟夫·奈的经典名言，一针见血，且耐人寻味。文化霸权听起来就像只有着无数触角的庞然大物，悄无声息地展示其巨大的渗透力，充满着美国文化和价值观念的电影、音乐及网络资源通过媒体传播到世界各地，特别是美国商业媒体的急剧膨胀，把消费至上观和美国方式强行灌输给第三世界的人民，威胁了他们的民族文化，悄无声息地改变着别国人民的思想和生活方式。只有民族的，才是世界的，正是在这样一种世界背景下，中国更需要夯实主流价值文化的构建，中国的媒体更要承担应当之责。李治亭教授曾说，中国改革开放30年的文化奇观，实际带来的是文化的品格与特性、文化的价值与地位以及我们对文化精神的认同与信仰的失落。这说明，提高国际话语权和创新对外宣传方式是当前我国大众传媒的短板，无论是出版、影视还是新闻传播，我们跟西方发达国家都存在巨大的“文化逆差”。国家主流意识形态和主流文化面临诸多挑战，一方面有西方意识形态和价值观植入的原因，另一方面，也反映出大众心态的浮躁和对本土文化的不自信，如此才会导致意识形态的漂浮和主流文化的边缘化。因此，我国要想在国际竞争中立于不败之地，就有必要进一步弘扬中华文化，增强中华文化的国际竞争力和影响力，建设中华民族精神家园，维护我们中华文化的核心价值理念，增强民族文化凝聚力和文化自信心。“面对全球的思想文化激荡，我们千万不能‘失语’和‘他者化’，千万不能丢掉文化主体性，失去自己的文化基因和文化密码”。[①] 因此，“实现中国梦必须走中国道路，必须弘扬中国精神，必须凝聚中国力量”。[②]

（二）情绪极端化——警惕网络民粹主义瓦解真实民意

2014年国庆节期间在香港发生了“占中事件”。香港的所谓民主分子打着“民主”和“自由”的旗号，让不谙事理的学生去打头阵和充当挡箭牌，其真实目的是想搞乱香港，不是什么民主诉求。对于“占中事件”，不少人大声疾呼：“勿让民粹主义绑架香港。”民粹主义具有一种极端平民化的倾向，是19世纪兴起的一股社会思潮，但在当今中国，主要表现为以互联网为载体，针对某些

① 郭建宁：《提高国家文化软实力》，《河南日报》，2007年11月21日，http://newpaper.dahe.cn/hnrb/html/2007-11/21/content_7435.htm。

② 《习近平在十二届全国人大一次会议闭幕会上发表重要讲话》，新华网，2013年03月17日，http://news.xinhuanet.com/2013lh/2013-03/17/c_115052635.htm。

热点事件和现象而发出一些非理性和极端化的观点和舆论主张。首先，网络表达具有虚拟性，这一显著特征给网民的最大便利就是能够表达自己各种真实或者非真实的声音。在现实社会中的各种责任规范束缚了表达的自由，而网络不可辨识的时空和形态，能够促使网民形成与现实生活中不同，甚至截然相反的意识或冲动，继而形成看似真实的语言。其次，网络的匿名性会比较容易推动一些个体在网络空间里，因偏好的相似而结成特殊、暂时的群体，这种群体具有同质性，并容易形成相互之间的心理暗示，也就是勒庞所说的大众心理的集体无意识现象。勒庞认为，集体无意识心理中，群体就像个无名氏，不必为自己的言行承担责任，因而更易产生极端化的舆论，甚至在短时间内会汇聚为一种压倒性的舆论，影响社会的稳定，甚至导致革命或战争。最后，网络民意并非真实民意。网络虽然改变了中国，但是仅仅通过互联网来知晓、把握中国却是非常片面和不准确的。由于网民结构的不均衡，例如学历、地域、年龄及收入的差距，决定了网民只是社会某一阶层的代表，他们的声音并不能代表全部公众的利益。不同的阶层和群体有着不同的利益诉求，当前的媒体应该更具智慧和勇气，成为真正意义上公众利益的代表。另外，网络民粹主义背后需要警惕的是这些情绪的制造端。仔细观察或者长期关注网络热点事件的人会发现，在一些事件背后，总有一些所谓的“网络推手”别有用心，打着弱势群体、草根民众的旗号，制造舆论，激化矛盾，拉大民众与政府的隔阂，激化不同群体之间的矛盾，而普通网民在不明真相的情况下，受其蛊惑，失去理性和宽容，成为被裹挟的对象。

（三）“愚乐致死”——“三俗”抢占真善美的市场

尼尔·波兹曼在其专著《娱乐至死》中深刻指出，我们身处在这样一个媒介时代：“在这里，一切公众话语都日渐以娱乐的方式出现，并成为一种文化精神。我们的政治、宗教、新闻、体育、教育和商业都心甘情愿地成为娱乐的附庸，毫无怨言，甚至无声无息，其结果是我们成了一个娱乐至死的物种。"① 尼尔·波兹曼的话不无道理，纵观当前我国传媒环境，娱乐化似乎过了头，娱乐意识的过度泛滥导致了媒体节目逐渐低俗化、庸俗化和媚俗化，"三俗"之风盛行成为一个社会普遍关注的问题。一方面，低俗、庸俗和媚俗的节目内容腐蚀受众的心灵，消解了对"美"的价值追求。娱乐不可怕，可怕的是只剩下娱乐，当前我国媒体营造了一个全民皆娱乐的环境。在节目制作上，煽情、炒作已成为惯用手段。在选秀PK大战中，"粉丝"们在台下的疯狂、紧张和压抑，甚至发生"粉丝"为了偶像打架斗殴、自杀等极端社会事件。在一些谈话类节目中，为了赚取观众的同情和眼泪，不惜挖掘当事人的隐私和痛苦经历。而在某些调解类节目中，主持人似乎不是为了缓和家庭矛盾和解决情感纠纷，在所谓的心理专家点评之前几乎都会上演一场充满指责、谩骂、侮辱的家庭斗争戏，以制造看点。"万恶的收视率"驱使媒体背弃了社会良知和道德责任，淡化了人文关怀，"受众为王"让媒体忘却了对"真、善、美"的追求，逐渐沦为"三俗"文化的帮凶。另一方面，煽情、炒作和同质化节目导致娱乐异化，让受众疲惫不堪。近年，各大电视台都在纷纷上演"明星真人秀"节目，最有人气的当属浙江电视台的《奔跑吧，兄弟》，节目一经播出，便收到良好的收益。自此，其他地方台纷纷效仿，《花儿与少年》《爸爸去哪儿》《爸爸回来了》《明星到我家》，等等，打开电视会发现各个频道节目极尽雷同，观众在几乎相同的节目轰炸中失去了选择的自由，全然置身于一个"愚乐"世界中。娱乐的本质是使人获得精神上的愉悦感，让人们能在一天紧张的工作中能够得到休闲和放松，然而，媒体的娱乐化已经日益偏离了娱乐的本质，无论是节目嘉宾还是场外观众都并不感到轻松，娱乐逐渐被异化。

① [美]尼尔·波兹曼:《娱乐至死》，章艳译，广西：广西师范大学出版社，2011年，第56页。

二、在公共文明建设中媒体的功能性分析

在“媒介化社会”中，大众传媒要立足于公共文明建设的需求，结合自身的技术特点，在社会治理中积极发挥应有的功能和作用。媒体既要能理性分析复杂的国际、国内环境，做好舆论引导工作，又要有责任有担当，不断打造自身更为理性、文明、高效的信息传播力，当好信息的载体。同时，媒体还要发挥文化传承和休闲娱乐功能，服务社会公众，以崇德向善之风，推进公共文明建设。

（一）吹好舆论的号角——舆论引导

2013年11月9日，习近平在中共十八届三中全会第一次全体会议上讲话指出：“意识形态工作是党的一项极端重要的工作。面对改革发展稳定复杂局面和社会思想意识多元多样、媒体格局深刻变化，在集中精力进行经济建设的同时，一刻也不能放松和削弱意识形态工作，必须把意识形态工作的领导权、管理权、话语权牢牢掌握在手中，任何时候都不能旁落，否则就要犯无可挽回的历史性错误。”习近平总书记的这一重要论断，为我们今后的意识形态工作做了重要提示，即当前复杂的国际、国内环境中，意识形态工作的重要性，以及如何主动创新和加强意识形态工作的实践指向性。随着新媒体时代的到来，传统的社会管理模式面临着挑战，媒体以其自身卓越的技术优势成为治国理政的重要工具。当然，从工具论的角度来说，有人将媒体喻为双刃剑，既能够弘扬社会正气、引导社会舆论、疏导公众情绪，同时也能带来舆论危机、社会风险。但媒体的角色、身份、地位，决定了它绝不仅仅是个中立的平台，而应当在社会治理、社会主义精神文明建设中发挥积极的舆论引导作用。正如习近平同志所说：“经济建设是党的中心工作，意识形态工作是党的一项极端重要的工作。面对改革发展稳定复杂局面和社

会思想意识多元多样、媒体格局深刻变化，在集中精力进行经济建设的同时，一刻也不能放松和削弱意识形态工作，必须把意识形态工作的领导权、管理权、话语权牢牢掌握在手中，任何时候都不能旁落，否则就要犯无可挽回的历史性错误。要按照高举旗帜、围绕大局、服务人民、改革创新的总要求，做好宣传思想工作，加强社会主义文化建设，壮大主流思想舆论，重点推动统一思想、凝聚力量。”[①] “做好网上舆论工作是一项长期任务，要创新改进网上宣传，运用网络传播规律，弘扬主旋律，激发正能量，大力培育和践行社会主义核心价值观，把握好网上舆论引导的时、度、效，使网络空间清朗起来。”[②]

（二）当好文明载体——信息传播

自媒体诞生之日起，信息传播功能就是媒体的使命，新媒体时代，媒体传播信息的功能日益强大，从最初的单向人际传播，到多元化多点传播，到现在的无时空界限的无界传播，可见，新媒体时代的信息传播功能已经发生了革命性的变化。当前，网络的信息量膨胀，而媒体对信息的甄别、挑选、把关就显得尤为重要，这其中体现了媒体工作者的责任意识和业务水平、管理水平。当然，对信息源的鉴别不是新媒体时代特有的功能要求，只不过是随着手机媒体、微信、微博等信息平台的普及化、平民化，凸显了这一功能的时代性。除此之外，在社会主义精神文明建设过程中，如何更好地发挥媒体的信息传播功能，还有很重要的一点就是话语体系创新。从表面来看，似乎只是一个方式方法的问题，即语言如何表述的问题，但实质上却表明了媒体的价值立场、思想认同和语言构建能力。新媒体环境下，无论是公民思想道德建设，还是科技文化教

---

① 王伟光：《牢牢掌握意识形态工作领导权管理权话语权》，人民网，2013年10月8日，http://theory.people.com.cn/n/2013/1008/c40531-23117496.html。

② 习近平：《把我国从网络大国建设成为网络强国》，新华网，2014年2月27日，http://news.xinhuanet.com/politics/2014-02/27/c_119538788.htm。

育，都倚赖大众传媒更为理性、文明、高效的信息传播力，以推动和促进社会公共文明的建设。

（三）引导崇德向善——服务社会

大众传媒一个很重要的功能就是服务社会，包括文化传承和休闲娱乐，这是由现代传媒的公共属性决定的。传媒的公共属性是现代传媒基于公众利益，在体制规训的传媒实践中表现的历史的、动态的、实然的属性，同时又具有独立、公开、批判的应然价值追求。媒体作为社会的有机组成部分，其公共属性体现在实现公民社会的最大公共利益，而这个过程本身就蕴含了对“公共善”的应然追求。大众传媒在表达社会价值取向和理想目标，协调社会道德力量的过程中蕴含着道德性，其内在“善”的应然属性也深深渗透在社会政治、经济和文化生活的各个领域。大众传媒的责任是历史的，具体的，大众传媒要承担怎样的责任、如何承担责任，与其自身的身份角色密切相关。在政治体制改革和社会民主化进程中，大众传媒对公共善、公共利益的追求，决定了其责任第一性的本质要求。在追求公共善的过程中，大众传媒的责任态度和品质直接决定了公民政治参与的热情程度，促进了社会善治、经济繁荣和公众幸福感的提升。

三、打造科学良好的媒介生态环境，促进公共文明建设

公共文明建设离不开良好的媒介生态环境，党的十八大报告强调，要全面建成小康社会，必须以更大的政治勇气和智慧，不失时机深化重要领域改革，坚决破除一切妨碍科学发展的思想观念和体制机制弊端，构建系统完备、科学规范、运行有效的制度体系，使各方面制度更加成熟更加定型。因此，建立科学有效的媒介管理体

制是保证传媒健康有序发展的重要方式，通过提升微文化主体素质，尤其是青少年媒介主体的思想道德素质，不断净化媒介生态环境，以保证大众传媒的健康有序发展，为社会主义公共文明建设提供持久的动力支持。

（一）建立科学有效的媒体管理体制

净化传媒生态环境，积极发挥大众传媒在社会治理中的作用，需要及时建立科学有效的媒体管理体制，对网上网下、不同业态进行科学管理、有效管理，努力提高管理的科学化水平，使传播秩序更加规范。一方面，通过协商机制，共定规范。从目前我国传媒领域的自律条约和道德规范制定过程来看，共同协商环节是十分欠缺的，很多规范、准则都是以中宣部、新闻出版广电总局的行政命令形式下发的。一些规则在制定时虽然也有业界领导和学界专家参与，但仍然缺少基层媒体及一线从业者的直接或间接参与。转变沟通方式，拓宽协商渠道，让更多准则规范的受用者直接参与规则的制定，不仅能广纳意见，更能增加他们对规范的心理认同，从而增强规范的效力。另一方面，简化管理机制，落实责任。大众传媒作为社会运行系统中的重要组成部分，与政府、市场、公众和其他社会机构之间有着各种各样的利益关系，尤其是市场化改革的进程中，传媒身份的变化也加剧了这些利益矛盾的复杂性。因此，明确传媒组织及个人的责任、权利和利益，既能保障传媒主体的权利和利益不受到侵犯，又能杜绝权利滥用和责任落实无门。对传媒内部来说，从管理者到一线从业人员，都要明确自身的角色及由角色延伸出的责任范围。责任的划分不仅要体现在相关条约及工作细则中，更要使外在的责任规定内化于心，形成从他律到自律的转化。大众传媒机构实施责任追究的关键就在于依据相关法规建立起一整套简明、严格的预警、监督、评价和惩处制度，这些制度应当涵盖整个制播流程。原则上既能对传媒主体的传播行为进行前瞻性的责任指导，又能对其行为进行跟踪监督，通过有效的评估和奖惩机制，保证责任追究在事前、事中和事后都能体现效力。

（二）加大技术监控力度

技术监控主要是针对新媒体而言的一种监管手段。建设网络强国，首先要有自己过硬的技术。新媒体是一种以技术主导发展的传媒形态，虽说制度和法规在一定程度能净化传媒环境，但其步伐始终不及技术变更所引发的种种社会问题。因此技术的创新与发展不仅是新媒体改变人类传播活动和生活方式的原驱动力，同样应是新媒体管理与控制的重要手段。“宣传思想工作是做人的工作，人在哪儿重点就应该在哪儿。我国网民有近6亿人，手机网民有4.6亿人，其中微博用户达到3亿多人。很多人特别是年轻人基本不看主流媒体，大部分信息都从网上获取。必须正视这个事实，加大力量投入，尽快掌握这个舆论战场上的主动权，不能被边缘化了”。[①] 总书记在这里提到的“加大力量投入”，也包括了技术研究的投入。目前，我国针对互联网和手机媒体已有一些成熟的技术监控手段，例如互联网的分级技术和过滤软件对涉黄网站、涉性信息和极端言论加以屏蔽、过滤和监控，也有“信息管家”“360手机卫士”等手机反病毒软件有效拦截垃圾短信和骚扰电话，对通话记录和隐私短信进行加密。然而新媒体问题远不止这些，当手机等新兴媒体引发的社会问题更加凸显，虚拟社会问题逐渐向现实生活蔓延时，加大技术监控系统投入和关键技术研发显得更加紧迫。当前，虚拟社会治理成为一个全球性问题，虽然各国国情和具体做法不同，但强化治理手段和提高管理水平已是全球的共识。

（三）提升微文化主体素质，培养成熟网民

“微文化主体”是当下最为庞大和具有影响力的群体，2016年

---

① 《习近平的六大新闻理念 六亿网民是重点》，新华网，2015年1月8日，http://news.xinhuanet.com/politics/2015-01/08/c_127373817.htm。

1月，中国互联网络信息中心发布了第37次《中国互联网络发展状况统计报告》，报告显示，截至2015年12月，中国网民规模达6.88亿，全年共计新增网民3951万人，增长率为6.1%。我国互联网普及率达到50.3%，超过全球平均水平3.9个百分点，超过亚洲平均水平10.1个百分点 。2016年3月，腾讯公司公布，截至2015年年底，微信月活跃账户数已经达到6.97亿，比2015年同期增长39%，用户人数蔚为可观。微信作为一种以社交属性起家的社会化媒体，在短短几年的时间内成为亚洲最大的移动即时通讯工具，成为现代人扩大社会交往的网络平台。有道德才能高尚，有修养才能文明，道德水平低下，缺乏文明修养，就不可能有良好的公共生活秩序、良好的社会风尚、良好的社会心态，也就不能形成良好的公共文明。微文化主体科学文化素质的提高对于微文化环境的文明程度提升也是非常重要的，没有科学文化，就会愚昧保守，反映到心理上就会是人云亦云，这就助长了网络谣言的滋生和传播，所谓谣言止于智者，正是如此。因此，作为当前社会如此庞大和具有影响力的群体，微文化主体的思想道德素质和科学文化素质很大程度上影响着公共文明的建设，培养具有广博的互联网知识、娴熟的上网技能、正确的互联网理念、积极的上网动机和内驱力的成熟网民，是当前社会治理和公共文明建设的重要课题。

国内外高校学生外语学习自我概念研究评述

英语系　付　蓓

一、引言

在语言教育学研究领域中，学习者的主动性和主体性备受关注。在教育心理学领域中，特别是认知心理学派和人本主义学派均强调学习者个体的主动性，强调关注人的内心世界，提倡尊重学生的需求，接受学生自己对世界的理解，培养学生的自我责任感。外语学习自我概念研究在心理语言学和语言教育学研究领域都属于热点问题，它是外语学习者在其学习外语的过程中对自身的感知和认知。

我国高校外语学习人数众多，对于学习者在学习外语过程中的自我感知和认知的探究，以及发现培养积极、健康的外语学习自我概念的方法不仅仅能够激发他们的外语学习动力、提升外语学习效能和成就，而且可以在促使他们语言能力发生变化的同时，促进他们对自我形象的再认识，改变对自身、他人以及周围社会环境的评价和态度，并且吸取新的社会文化和行为方式。

自我概念的相关研究最早可以追溯到古希腊哲人苏格拉底对自我的审视和思考，然而最早系统研究自我概念的是英国学者詹姆斯

（William James），在国外外语教育领域，特别是随着学习者动机研究的展开，有关"自我"的研究逐渐成为一个热点话题，自我概念的相关研究也越来越受到学者们的关注。目前，我国还没有对外语学习自我概念的概念提出、研究内容和研究方法等方面进行详尽而系统的梳理、分析和思考。为了深入探究我国外语学习者的学习心理，了解他们的自我认知和情感感知，积极建构我国高校外语学习者健康、积极的自我概念培养机制，笔者认为有必要全面梳理目前已有的国内外相关文献，总结成果、归纳不足，为未来研究指明方向。本文将从自我概念的提出，研究内容和研究方法三个方面梳理国内外高校学生外语学习自我概念的研究，并且提出在中国外语学习情境下开展有关自我概念研究的必要性和重要性。

二、自我概念的提出及思考

（一）概念的提出

自我（self）是人格中的重要部分。每个人都会对自己进行观察、分析和评价，对他人对自己如何评价、对自己的身体能力、思想、社会交往等方面都有自己的认识和情感。从研究历史来看，自我概念的研究经历了心理学家詹姆斯（William James）、社会学家米德（George Herbert Mead）、皮尔斯（Charles Sanders Peirce）、罗杰斯（Rodgers）、布鲁默（Herbert Blumer）、威利（Norbert Wiley）等学者的理论探索。

目前学界对自我概念的定义并没有达成共识，有学者认为自我概念是指个体对自己的感知，是个体对有关自己知识的集合，这个集合并非杂乱无章，而是具备一定的体系。这种感知来源于个体在环境中的经验以及对这些经验的解读，是个体对待个体的能力、技能、外貌、社交等方面的态度、感觉和知识。有学者认为自我概念是个体对自身有意识的自我描述和判断；也有学者认为自我概念被看作整体自我概念或者具体领域内的自我概念，它包括认知和情感等不同的维度（Mercer①）。Van der Meulen归纳了自我概念的三大特征，其中第一个特征是自我概念不仅仅是个体对自身的认知，而且与情感紧密相关；另外两个特征是自我概念不仅仅包含了脱离语境的、抽象的观念也包含与物理、社会环境紧密相关的观念；以及稳定的观念与多变的短期观念共同存在。自我概念与外语学习自我概念在语义学中属于上下义词；在心理学领域，心理学家谢弗尔森（Richard J. Shavelson）、马什（Herbert W. Marsh）、布赖恩（Barbara M. Byrne）以及哈特（Susan Harter）等经过大量的、反复的实证研究，提出自我概念呈现出多维度、多层次的结构特征，其中位于底层的成分由较高层的成分所包含和限制（Marsh & Shavelson 1985②；Marsh 1990③）。然而，随着研究方法的推进，质性研究方法指导下的研究认为自我概念的内部成分和结构关系并非简单的上下级层级关系，而是受到社会环境和具体情境等因素影响并且有待探究的复杂关系（Harter 2006④）。

（二）外语学习自我概念核心特点

在厘清了概念的提出以及相关研究成果之后，外语学习自我概念具有以下三大特征：

1．个体反身性

人类的语言能力有助于其进行自我思索和反思，形成个体的自我概念。外语学习自我概念是属于个体的内在心理构念，具备个体

① S.Mercer,*Towards an Understanding of Language Learner Self-concept*, London, New York: Springer Dordrecht Heidelberg，2011.

② H. W..Marsh, and R.Shavelson, "Self-concept: Its Multifaceted Hierarchical Structure," *Educational Psychologist*，1985，20 (3)，pp.107-125.

③ H. W. Marsh, "A Multidimensional, Hierarchical Model of Self-concept: Theoretical and Empirical Justification," *Educational Psychology Review*,1990,2 (2),pp.77-172.

④ S.Harter, "The Self," In W. Damon and Nancy Eisenberg (ed.), *Handbook of Child Psychology: Social, Emotional, and Personality Development*, 2006, Volume 3 , NJ: John Wiley and Sons.

反身性特征。反身性即是个体反思自身的经验、心理、态度、行为倾向等。

2. 相对稳定性与情境动态性

自我概念可以被看作有两个相互联系的层面，一个是由相对稳定的核心成分组成，另一个则由相对动态多变的成分组成。个体可能拥有一个较为稳定的、核心的外语学习自我概念，为个体提供自我一致感；这种外语学习自我概念通常是脱离语境的、抽象的观念。外语学习自我概念在个体整个自我概念系统中的重要性决定了它的稳定程度。核心的外语学习自我概念随着人的成长慢慢形成，它不太容易发生变化。同时，个体也会拥有某个时刻的工作自我概念，是较“外围的”外语学习自我概念，这个层面的自我概念很可能容易受到情境内个人因素和环境因素的影响，因而产生情境性波动。

3. 发展性

个体的外语学习自我概念会随着年龄的增长、学习经验的累积、社会外语环境的改变而发生变化和发展。随着个体年龄的增长，学习经验的累积，个体能够从模糊、带有偏见的、不断分化的外语学习自我概念逐渐开始建构起较为抽象的自我，对自我的认知随着经历和反馈的增加变得越来越清晰、全面和准确。

三、国内外大学生外语学习自我概念的相关实证研究

（一）国外大学生外语学习自我概念实证研究梳理

近年来，国外对大学生外语学习自我概念的实证研究主要集中于以下五个类别：

一、大学生学业自我概念形成和发展。Jackson发现大学新生的学业自我概念受到社会比较的影响，即“大鱼小池效应”，他们

不得不与周围优秀的新同学进行比较，重新判断自我。同时，她发现女生比男生在这一阶段更容易获得消极的学业自我概念。大学生的教育过渡期对个体学业表现产生负面影响，进而导致适应不良、动机不足、焦虑增加以及自尊降低等。

二、自我概念的形成和发展因素。大学生学业自我概念的影响因素可包含研究对象的年龄、过去的经历、自我维持倾向、他人反馈和社会比较、情境内个人和情景因素以及社会文化环境等的影响。

三、英语学习自我概念相关量表设计。María Dolores López González设计并验证了EFL交际能力自我感知（self-perception）量表，并且挖掘了影响交际能力自我感知的因素。研究将自我感知定义为自我效能感与自信的结合，并认为自我感知属于自我概念的重要组成部分。研究也强调研究学习者的EFL交际能力自我感知的动态性。研究的贡献在于设计出学习者的交际能力自我感知量表，其中涉及的维度有接收性语言技能（听、读）的自我效能感和自信（self-efficacy and confidence in receptive language skills），口语交际中的策略知识（knowledge of rules about oral communication），以及交际能力（communicative competence），并且提出了交际自我感知与个体的理想自我、自我形象、身份认同以及社会身份认同之间的关联。Günte设计了关于学习者英语口语表达能力的自我感知的问卷量表，设计维度有表达内容的逻辑结构、语言的正确和得体、与语境相关的陈述技巧和观众效果；另外研究还针对学生的口语焦虑设计了自我感知量表，涉及有紧张、情绪性、规避认识能力三个维度。此研究侧重于口语表达能力自我感知的测量，并且涉及了相关情绪体验的测量。

四、英语学习自我概念与学习动机、交际意愿等因素之间的相关研究。Dornyei提出“可能自我”作为自我概念的一部分，对学习动机起到推进作用。研究认为虽然个体的行为动机可能多种多样，有身体的、信仰的、认知的好奇心等，想象（vision）属于高层次的动机驱动力，并且特别适合解释长期的、终生的语言学习行为。想象属于一种对未来自我的渴望（如希望成为二语使用者），这种渴望帮助人们提升自信、控制焦虑情绪、为竞争环境做好准备进而促进他们的行为表现，这种渴望也促使了学习者得以长期的、终生的学习。想象不同于目标这一抽象概念，它与人类的视觉、听觉、触觉、味觉联系，想象可以给予人们立体和鲜活的目标状态以及想象的现实。当学习者在想象自己如同电影明星能说流利的英语，这就不仅仅是一种目标，更加是一种丰富的画面，自己能够像别人一样展现出一种自己所渴望的气质或者生活状态。Dörnyei and Kubanyiova还提供了大量例子帮助教师设计课堂活动以培养学习者的想象技能、帮助学生产生并拥有丰富的图像，并且利用课堂教学来巩固这种想象，最终帮助学习者获得更为持久的学习动机。

五、对外语学习自我概念内部成分与特征分析。Mercer提出外语自我概念与其他相关自我概念（身体自我概念、语言自我概念、意大利语、英语作为外语的自我概念）的关系是复杂的，自我概念成分之间形成复杂的网络结构。个体的自我概念具有情境性特征，并且个体的自我概念具有个人独特性。此后，Mercer又进一步阐释外语自我概念结构的复杂性与自我概念的情境动态性特征。

后三类研究分别采用量化和质性研究方法验证了外语学习自我概念对于提升外语能力和水平的重要性，外语学习自我概念内部的多维度内涵，寻找培养积极、健康、全面的外语学习自我概念的重要性等。然而，在研究视角方面，国外研究中缺乏从社会学、心理学、教育学多学科视角看待外语学习自我概念形成和发展的实证研究；在研究目的方面，缺乏对外语学习自我概念的形成机制、不同类型和状态的外语学习自我概念以及其影响、价值等方面的深入探究；在研究对象方面，针对大学生群体的多种外语学习过程中的自我概念研究也并不多见，多半集中于中学生群体、教育过渡期学习者的英语学习自我概念与母语学习自我概念的研究。

（二）国内大学生外语学习自我概念实证研究梳理

进入21世纪以来，外语学习过程中的学习者因素以及外语学习影响因素研究内容丰富，成果数量较多，涉及大学生外语学习自我概念的研究主要包括：

首先，大学生群体的自我概念研究。一是大学生自我概念的实证研究。郑涌、黄希庭认为大学生自我概念形成的因素有了变化，大学生所处的高校学习和生活环境会使大学生的自我概念带有不同于一般青年的特点。研究提出自纳维度反映当代大学生自我概念特点的一个有价值的因素，即大学生倾向于悦纳自己。而且自纳维度与自我批评呈显著正相关，说明自我悦纳者的自我放任倾向使其在自我批评方面也呈现开放的心态。我国大学生自我概念发展研究大都采用横截面数据。研究普遍认为大学生总体具有较为积极的自我概念，大学生的自我概念年级差异显著，但是因为测量量表不统一，研究结果也不尽相同。

其次，英语自我概念内部结构及发展研究。Lau et al.修改并使用Marsh所设计的学业自我描述问卷（Academic Self-Description Questionnaire）对321名香港大学生的外语自我概念进行研究，研究发现英语整体自我概念可以代表听说读写四个技能。马东梅结合开放式问题以及自我描述问卷（SDQII）等其他文献，编写自我描述问卷。该研究证实了英语学习自我概念内部的多维度特征，同时指出作为一种复杂而重要的情感因素，英语自我概念对英语学习会产生何种影响仍需做更深入的考察。徐浩、陈夏运用个案研究的方法，提出英语整体自我概念与具体能力自我概念之间的关系。

再次，英语自我概念与学业成就、学习动机、自我认同的相关研究。已有研究对英语学习自我概念与英语学习成绩、水平、学习归因、学习策略、交际意愿、学习任务认知和参与进行了相关性研究，提出外语学习自我概念在外语学习者的学习成就、学习策略、交际意愿等方面的作用不可忽视（如下表所示）。

研究焦点	研究者	研究设计	研究结果
英语学习自我概念与英语学习成绩、目标水平	王初明2004; 王初明、周保国2008[①] 李强2005[②] 徐世昌、曹艳春2012 王家明2012 肖菊花、陈丝结2016	多为大学生(研究对象); 量表、测试(数据收集); 探索性因素分析，相关分析与多元回归分析(数据分析)。	1王初明的“外语语音学习假设”适用于初学者; 2自我概念与学习成绩、目标水平的关系较为复杂，如积极的自我概念与优秀的成绩成正比；语音自我概念与实际英语发音水平、英语成绩没有相关性；语音自我概念与整体自我概念有较高相关性，影响课堂焦虑感。
英语学习自我概念与学习归因	张昭苑2006; 郑蕴2009	大学生(研究对象); 量表(数据收集); 探索性因素分析，相关分析，主要成分分析与多元回归分析(数据分析)。	1失败归因、成绩、成功能力归因和成功难度归因对学业自我概念有较高预测性; 2整体与成分自我概念关系密切；自我概念与成绩关系密切；自我概念与学业成败归因密切，相关性最强的归因依次是：能力、从前英语水平、兴趣、语言环境与自我概念成负相关；成绩优秀的学生更愿意归因于能力、兴趣等内部稳定因素；差的学生将能力、兴趣归位于失败归因；归因对自我概念产生不同影响，进而对成绩产生不同的影响。

① 王初明、周保国:《中国学生英语学习自我概念研究》，上海：上海外语教育出版社，2008年。
② 李强:《自我概念与英语学习的相关性研究》，大连理工大学硕士论文，2005年。

续表

研究焦点	研究者	研究设计	研究结果
英语学习自我概念与学习策略	杜明媚2009；朱敏2010	大学生（研究对象）；量表（数据收集）；相关分析与多元回归分析（数据分析）。	1英语自我概念、口语自我概念、发音自我概念与认知策略相关性最高，发音自我概念与记忆策略和补偿策略相关性最低。2学业自我概念对学习策略的影响是通过掌握趋近目标定向的部分中介作用得以实现的。
英语学习自我概念与交际意愿、学习任务认知和参与	于全娟2010①Zhen2014；郭继东2015②	大学生（研究对象）；量表、访谈、观察（数据收集方法）；相关分析，多元回归分析、质性材料分析（数据分析）。	1自我概念、可能自我对学习者的交际意愿关系紧密；2不同的自我概念会影响学习者对两种任务类型（双向型与单项型）的认识以及参与情况；男女生的英语口语自我概念不存在显著差异，而在英语听力、阅读自我概念方面女生高于男生；男女生的口语自我概念与口语水平相关系数均很高；女生的综合水平和各项技能水平均高于男生，尤其是听说水平。

除了少数研究如王初明、肖菊花、陈丝结等以在校中学生为研究对象以外，大多数研究以在校本科大学生为研究对象，以量化研究方法、调查问卷、测试为数据收集方式，探索性因素分析、相关分析、主要成分分析与多元回归为数据分析方式。相对于英语学习自我概念的其他子类，有关英语口语自我概念和语音自我概念的研究更为普遍，这可能因为学者们认为英语口语、语音对学习者使用

① 于全娟：《英语学习自我概念与小组活动的相关性研究》，《教学研究》，2010年第2期，第46—48页。

② 郭继东：《英语水平对交际意愿的影响：口语自我概念和效能的中介作用》，《中国外语教育》，2015年8（2），第78—100页。

英语交流起着很大作用，口语能力在一定程度上综合了学习者听力、写作、词汇和语法的能力。因此选择这三方面是比较能说明学习者英语学习自我概念的情况。朱秀全关注英语发音自我概念和英语整体自我概念与英语课堂学习焦虑的关系，认为中国大学英语学习者的英语发音自我概念和英语整体自我概念与他们的英语课堂学习焦虑之间存在着显著意义的负相关，而且这种相关关系随着学习者进入不同的学习阶段而发生变化。英语发音自我概念与课堂焦虑在初级阶段早期的强负相关也证实了王初明的“外语语音假设”。徐世昌、曹艳春考察少数民族大学生语音自我概念与英语学习相关性，研究认为语音自我概念与实际英语发音水平、英语成绩没有相关性。但是，语音自我概念与英语整体自我概念有较高相关性，并且影响课堂学习焦虑感。

Zhen是为数不多的以质性研究方法为主的实证研究者。研究从情境内的英语学习自我概念以及可能自我、社会文化情境等因素详细描述和分析了中国学习者在课堂上的交际意愿情况。

情感因素，诸如学习动机、自我认同、焦虑等对外语学习的影响研究由来已久，而英语学习自我概念与这些情感因素之间的关系研究则丰富了外语教学和教育研究的内容。目前相关研究还未得到国内学者的广泛关注。高一虹研究了中国大学专业与非专业本科生的英语学习动机与自我认同变化之间的关系。研究认为英语学习对大学生最显著的改变是自信心，学生对自身能力的感知是影响其英语学习自我认同变化的一部分。这里表明了大学生的英语学习自我概念与自我认同变化存在一定的关系。许瑾提出大学生的英语学习自我概念水平决定外在英语学习动机的内在化程度。杨琼提出研究中国非英语专业学生英语自我概念、学习动机与自我认同变化的关系。研究以调查问卷为测量方法，发现自我概念与不同的动机类型和动机强度都有显著的正相关；自我概念与自我认同变化中的自信心变化、附加性变化、生产性变化都有显著正相关，其中自我概念与自信相关性最高，与附加性变化相关性其次。

综上所述，尽管已有成果中对大学生学业自我概念及英语学习自我概念的研究内容较为丰富，具有重要的理论价值和经验借鉴。但对于中国社会文化背景下的当代大学生的外语学习自我概念的形成机制及培养教育的关注方面，缺乏深入而广泛的讨论，无论从成果数量、研究内容、研究方法上都需要更多的学术投入。

四、未来研究方向

基于对外语学习自我概念的研究成果和文献的梳理和评述，已有研究有这样几个主要特点和不足：

✓ 外语学习自我概念研究多以“是什么”（what）为研究问题，以英语学习自我概念研究为主，非通用语学习者的自我概念研究并不多见，历时的、动态跟踪研究比较少，缺少在自然外语学习情境下外语学习自我概念如何（how），为何（why）建构，其影响、价值等方面的研究，缺少对个体外语学习内在心理认知和情感细致和深入的探索和分析。

✓ 目前研究者们对外语学习自我概念的内部结构已有一些研究成果；对外语学习自我概念与其他构念之间关系的研究则更多地聚焦于对学业成绩方面的影响，对个体的情绪体验、自信以及身份认同的影响研究不多见。

✓ 我国外语学习自我概念研究处于对西方研究的模仿和验证时期，大量的学者进行的研究都是使用西方的相关量表进行验证性研究，鲜有本土化研究，鲜有中国社会文化背景下的当代大学生的外语学习自我概念的形成机制及培养教育的关注方面，缺乏深入而广泛的讨论，无论从成果数量、研究内容、研究方法上都需要更多的学术投入。鲜有涉及外语学习自我概念理论领域的研究。

面对改革开放之后的社会结构、经济、价值观念和科学技术等层面的变迁，外语学习对于大学生而言，在日常生活中已经从单一的英语学习、英语应试学习观念、外语与母语对立起来的观念向当代大学生应当具备双语或多语能力方面转变。通过社会学、心理学、教育学、语言学等多学科视角探究当代大学生的外语学习自我概念及其形成演变规律，揭示大学生外语学习心理、构成机制、内容构建、理论逻辑、价值功能、对策路径等理论问题，对于厘清自我概念的构成、发展及影响具有探索性的理论价值。因此，未来研究可以考察非通用语学习者的自我概念构成和发展，多一些历时研究，跟踪研究学习者在课内外的外语学习以及内在心理认知和情感，挖掘外语学习自我概念对情绪体验、自信以及身份认同所产生的影响。在数据收集上可以借助电脑或仪器进一步聚焦到学习者个体差异的微观心理层面，将学习者的学习心理和情感感知更为全面地呈现出来；从跨学科的视角，如社会学、心理学、教育学等角度来看待外语学习自我概念的形成和发展。

此外，未来的研究还可以关注自我概念对英语学习的预测和影响是如何实现的？外语学习自我概念中相对稳定和情境多变特征是如何共存的？什么情况之下的情境变化会影响学习者的外语学习自我概念，以及学习行为倾向？什么可以预测个体对“可能自我”的投资？如何帮助学习者拥有积极、健康的外语学习自我概念等干预性研究。

五、中国外语教学情境下自我概念研究的必要性

一方面，在诸多的学习者心理因素当中，自我概念较少受到我国外语教育领域关注。自我概念是个体感知到的与自己有关的一切，其中包含了对自身具体学科能力的认知判断和情感方面的感知。已有文献表明，外语学习自我概念在外语学习者的学习成就和学习策略等方面的作用至关重要，而且心理学领域已有的很多研究表明积极、健康的自我概念对个体行为选择、对环境的适应和自信

等方面有积极影响。个体可以从具体情境内的行为感知归纳出具体学科的自我概念，进而推进到整体的自我概念，具体学科自我概念可能推及个体的整体自我概念和个人发展。因此，中国外语教学情境下的外语学习自我概念研究有助于探索、理解中国外语学习者的内在心理认知和情感感知，进而有益于外语教育工作者和外语学习者共同构建学习者积极、健康的自我概念，使其做出合宜具体情境的行动选择，适应新的环境，建立自信和身份认同。

新媒体时代高校加强意识形态工作路径探析①

院长办公室　顾建俊

新媒体时代高校加强意识形态工作的必要性和紧迫性日益凸显，本文基于当下语境，以高校意识形态工作所面临的挑战为切入点，从高校党委、高校教师、新媒体三个层面来探析加强高校意识形态工作路径。

一、新媒体时代高校加强意识形态领导权的必要性和紧迫性

意识形态安全是国家安全的重要组成部分，是国家政治和文化安全的核心内容。2013年8月19日，习近平总书记在全国宣传思想工作会议上指出，意识形态工作是党和国家一项极端重要的工作，宣传思想工作就是要巩固马克思主义在意识形态领域的指导地位，巩固全党全国人民团结奋斗的共同思想基础。高校是一个国家的思想文化中心，是各种社会思潮的集散地，是意识形态领域中极

① 本文是中共北京市委教育工作委员会2017年度首都大学生思想政治教育研究课题《自媒体语境下高校网络舆论引导策略研究》（课题类别：支持课题；课题编号：BJSZ2017ZC089）的研究成果。

为重要而敏感的阵地，在构建社会主义核心价值观中承担着重大的使命。2014年12月28日至29日，习近平总书记在第23次全国高等学校党的建设工作会议上指出，高校肩负着学习研究宣传马克思主义、培养中国特色社会主义事业建设者和接班人的重大任务。加强党对高校的领导，加强和改进高校党的建设，牢牢把握高校意识形态工作领导权，是办好中国特色社会主义大学的根本保证。[①]可见，做好高校宣传思想工作，加强高校意识形态阵地建设，是一项战略工程、固本工程、铸魂工程，事关党对高校的领导，事关中国特色社会主义事业后继有人，对于巩固马克思主义在意识形态领域的指导地位，巩固全党全国人民团结奋斗的共同思想基础，具有十分重要而深远的意义。

然而，当下高校意识形态建设也面临着严峻的挑战。当前世界范围内意识形态的交锋总体上呈现“西强我弱”的态势，西方资本主义国家凭借其技术上的优势，对其他国家进行价值观念、政治制度、生活方式的渗透，在互联网环境下，这种渗透的隐蔽性和破坏性更强。高校作为意识形态产生和交汇的重要阵地，一直是西方敌对势力同我们争夺的前沿阵地。当下，随着互联网的不断普及和高校师生思想多变性、差异性的明显增强，高校抵御和防范敌对势力渗透的任务更加繁重，高校意识形态建设受到前所未有的冲击，这应引起我们高度重视。一旦高校这个前沿阵地出了问题，就会引起国家动荡、社会失序，甚至给党和国家带来灾难性的后果。因此，如何坚持社会主义核心价值观统领高校意识形态建设，如何做到既坚持主流引领，又鼓励兼容并蓄，是一个具有重大时代意义和战略价值的重要课题。

① 引自习近平总书记在第23次全国高等学校党的建设工作会议上的讲话。

二、新媒体时代高校意识形态工作面临的挑战

总体来说，当前高校意识形态的主流是好的，但高校作为社会的参与者，直接受到来自国内外社会变革的压力，也面临一系列问题及挑战，当下高校意识形态工作所面临的挑战主要体现在以下四个维度。

（一）全球化的挑战

随着经济全球化、信息化的迅猛发展，世界范围内思想文化交融日益紧密，这深刻改变着人们的思维方式和行为方式，西方发达国家在经济输出的同时，也不断进行思想文化输出，试图占领其他国家的思想制高点。高校处于全球意识形态领域斗争的最前沿，难以独善其身。经济全球化产生的多元化价值观念，对大学生的世界观、人生观产生了很大的冲击与挑战，大学生人生阅历较浅、辨别力较弱，对新鲜事物有强烈的好奇心，这容易导致他们对社会主义主流意识形态产生认识上的淡化与模糊。

（二）社会转型的挑战

随着中国社会转型发展的不断加快，各种社会矛盾日益凸显，人们思想活动的独立性、差异性明显增强，各种思潮竞相发声，社会思想文化领域出现了思想观念多元化的倾向。高校是社会思潮的晴雨表，社会思潮多样化给高校意识形态工作带来巨大冲击，也不可避免地影响到高校师生的价值取向、思想观念和行为方式。

（三）自身改革的挑战

近年来，高校改革与发展的成绩喜人，高校意识形态工作也取得了良好成效，但高校改革中也出现了一种重专业教学、轻思想政

治教育的倾向，对意识形态工作不想管、不会管、不敢管。高校对意识形态工作重要性认识的缺失，既很难适应信息化时代意识形态工作的现实需求，也制约了高校思想政治教育的创新。当前，很多高校的意识形态教育工作仍主要通过课堂授课等方式进行，这种纯粹的理论说教式教育，内容乏味，吸引力、感染力、影响力远不能达到预期效果，更谈不上意识形态教育入心入脑。

（四）新媒体的挑战

意识形态主要通过媒体传播，自然也是新媒体传播的重要内容。新媒体给高校意识形态教育提供了更为便捷的渠道，同时，新媒体去中心化、虚拟化等特点也给高校意识形态领导权带来了巨大的冲击和挑战。以往，对广大师生开展思想教育，主要通过报纸、广播、电视等传统传播途径，其内容经过严格把关，具有强化一元化指导思想的教育功能。新媒体的出现打破了传统媒体对话语权的垄断，改变了传统媒体单向传播模式，信息传播的多元化越来越强，自我性和随意性也日渐凸显，这在一定程度上表现出与主流意识形态不同的异质性，有时难以被官方的意识形态所掌控。长此以往就会削弱马克思主义在意识形态领域的领导权，从而增加了高校意识形态教育的难度。

三、新媒体时代高校加强意识形态工作路径探析

（一）发挥高校党委的领导核心作用

首先，高校党委作为高校意识形态工作的领导核心，要不断增强政治敏感性和鉴别力，敢抓敢管、善抓善管，把意识形态工作列入党委重要议事日程，充分发挥社会主义核心价值观在意识形态领域的统领作用，切实担负起政治责任和领导责任。其次，高校党委领导班子要率先垂范、敢于担当，站在意识形态工作的第一线，严

格按照社会主义政治家、教育家的标准，不断增强政治意识、大局意识、责任意识和底线意识。再次，高校要坚持完善党委统一领导，党政工团齐抓共管、各部门分工负责、师生员工共同参与的意识形态工作体系，积极构建上下联动、左右配合、管理有效、保障有力的工作格局。

（二）发挥高校教师的教书育人作用

师者，教书育人也。教师在高校意识形态工作中发挥着宣讲家和指路人的重要作用，高校要做好意识形态工作，必须按照党管人才的原则，全力打造一支结构合理，本领过硬的教师队伍，保证队伍里人人都能打硬仗，人人都能打赢仗。首先，大力提高教师思想政治素质，不断增强教师的政治意识和政治定力，扎实推进师德师风建设，完善师德建设长效机制。要求全体教师切实做到“学术研究无禁区、课堂讲授有纪律”，站好三尺讲台，以良好的思想政治素质影响和引领学生。将师德师风表现作为年度考核、职务聘任和评优奖励等重要依据，对在教书育人工作中作出突出贡献的教师给予适当奖励，对师德师风考核评估不合格者进行一票否决，同时要建立和完善监督机制，通过校长信箱、校长热线、校长接待日、学生评分等方式，随时接受各方舆论的监督，及时发现问题和解决问题。其次，加强思想政治理论课建设，发挥课堂的主渠道作用。思想政治理论课是对大学生进行系统的意识形态教育的主要渠道，高校要制定思想政治理论课建设规划，在经费投入、后勤保障等方面优先保障思想政治理论课建设，切实办好思想政治理论课，确保思想政治理论课在高校教学体系中的重点建设地位，积极推进马克思主义中国化的最新理论成果“进课堂、进教材、进学生头脑”的“三进”工作，努力提高意识形态教育的实效。再次，提升教师媒介素养，提高运用新媒体进行教育的能力。新媒体时代下的教师队伍不仅应具备深厚的马克思主义理论素养和较高的哲学文化修养，还应具备较高的媒介素养，对网络信息要有较强的政治敏锐力、鉴别力，能够做好网上舆论引导工作。探索建立线上线下互动一体的意识形态工作运行机制，推动马克思主义教育方式、方法的创新，充分利用新媒体这一平台，通过微博、微信、视频等形式及时向学生传播正面信息，积极应对各种错误思潮的挑战，不断开辟有利于学生学习的新空间。有效开展大学生媒介素养教育活动，加强宣传引导，通过规范化的媒介素养教育，不断提高学生的媒介素养水平，增强学生运用新媒体自觉学习、主动学习和积极学习的能力，提高其自身免疫力。此外，要积极推进“第二课堂”建设，特别要加强社会实践活动以及品牌社团活动建设，严格活动审批制度，发挥潜移默化的政治教育作用。

（三）发挥新媒体的阵地占领作用

新语境下，日新月异的信息技术使得信息来源渠道、传播方式、传播手段都发生了翻天覆地的变化，新媒体日益成为意识形态和思想文化斗争的全新场域，高校意识形态工作要适应这一新常态，克服“本领恐慌”，学会使用新媒体技术增强工作的主动性、预见性，提高工作水平和质量，牢牢掌握意识形态工作的领导权和话语权。正如习近平总书记所指出的那样，宣传思想阵地，我们不去占领，人家就会去占领。这不仅关系到意识形态安全，而且关系到政权安全。因此，我们一定要不断增强阵地意识，切实做到想管、会管、敢管，充分发挥新媒体的阵地占领作用。首先，因势而谋，加快传统媒体和新媒体融合发展。充分运用新技术创新媒体传播方式，增强信息传播的时效性，拓宽信息传播半径，占领信息传播制高点。创新表达方式，改变话语方式，坚持主动性、实效性和针对性的原则，注重贴近群众、贴近生活、贴近实际，变单一型宣传为双向型沟通，增强亲和力和感染力，抢占表达制高点。创新引导方式，制定网上信息发布和舆论引导工作规程，既要坚持团结稳定鼓劲、正面宣传为主的方针，又建立联动的舆情工作模式，汇集研判网上师生思想动态，进行健康的舆论斗争，及时发现处置网上不良信息，抢占道义制高点。其次，顺势而为，积极开展网上意识形态教育，构建高校网上意识形态传播主阵地。我们要改变过去把互联网工具简单化的使用态度，或者“建设后不管”“挂上去不管”的使用状态，注重网络宣传内容上的创新，及时根据学生反馈情况做出适应性调整，不断提高网络意识形态教育的适应性和感召力，从而更好地让学生接受。同时，积极依托新媒体传播手段，推进红色网站建设，坚持社会主义意识形态的主导地位，以主旋律引领多样化，努力做到在世界视野下坚守中国意识，维护国家意识形态安全。再次，应势而动，加强新媒体监管，营造风清气正、昂扬向上的网络生态。互联网上异质意识形态之间的渗透与反渗透、遏制与反遏制、封堵与反封堵将是一个长期的斗争过程，这就要求高校顺应当今网络新媒体以及网民社会发展的新情况，改变高校意识形态工作管理方法的滞后状态，加强网络监管工作力度和方式创新。高校应积极配合社会有关部门，安装监控系统软件，防止各种反动和有害信息侵入校园网络，一旦发现校园网上传播有害内容和信息，监管软件即可开启自动屏蔽功能，禁止或拦截该有害信息的传播。建立新媒体有效监管制度，高校应该切实担负起应有的责任，结合学生新媒体运用规律和发展趋势，加强高校网络信息管理系统建设，建立校园网络使用实名登记制度和可追溯制度，形成迅捷、管用的高校网络信息内容监管机制，通过技术优势和先进的监管制度屏蔽和控制西方腐朽思想和不当言论的渗透和入侵，为营造健康的网络环境和文化氛围创造良好条件。建立一支懂技术、善宣传的网络监管队伍，做到监管无死角，保证能够及时发现网上不良言论，及时处理，及时报告，在不断修补技术漏洞的同时积极宣扬正能量。

马克思主义的领导方法论初探

——学习《党委会的工作方法》有所思

基础教学部　唐　瀚

《党委会的工作方法》是毛泽东同志1949年3月在党的第七届中央委员会第二次全体会议上所做的结论的一部分，后来被编入《毛泽东选集》（第四卷）独立成篇。2016年初，习近平总书记就学习这篇光辉文献专门做出重要批示，对各级党委（党组）领导班子成员特别是主要负责同志重温这篇著作提出了明确要求。这表明，《党委会的工作方法》非但没有过时，还一如既往地对各级党委（党组）的领导工作具有重要指导意义。那么，应该如何活学活用这篇穿越历史的光辉文献、把握其马克思主义的科学领导方法论原则，从而与时俱进、创造性地把领导工作提升到新境界新水平呢？这理应成为广大党员，特别是各级领导同志重温这篇著作时必须思考的关键问题。

《党委会的工作方法》言简意赅，所谈论的问题意识非常明确集中。它聚焦的不是一般的、泛泛而谈的工作方法，而是特定的、涉及如何开展好党委“领导工作”的方法，因此，它的首要言说对象是各级党委（党组）的干部尤其是主要领导同志。《党委会的工作方法》列有12条，分别有所针对，概括起来可以分为以下五个方面：处理上下级以及同级之间的纵横关系（第1—4条），全面而有重点地开展和落实工作任务（第5、6条），调查研究基础上的识数定性（第7、12条），会风文风作风的改善优化（第8、9、11条），团结统战的重要性（第10条）。这些内容虽然各有侧重，但并非彼此割裂，而是互相关联、共同构成一个领导方法论的原则系统。《党委会的工作方法》给我们提供的不是教条，而是马克思主义的思想方法和工作方法的源头活水。要活学活用《党委会的工作方法》的领导方法论精髓就必须探本溯源，唯此才能得其法旨、纲举目张、豁然贯通、万变归宗。那么，统括《党委会的工作方法》所涉及的五个方面共计12条内容的根本方法究竟是什么呢？

需要特别强调的是，毛泽东同志在谈论《党委会的工作方法》时有一个非常具体的历史和逻辑前提，即“党委会议制度”。换言之，没有“党委会议制度”就没有《党委会的工作方法》。1948年9月，毛泽东同志在为中共中央起草的一个决定中指出，“党委制是保证集体领导、防止个人包办的党的重要制度。……必须建立健全的党委会议制度”。[①] 后来，邓小平同志1956年在党的第八次全国代表大会上所做的《关于修改党的章程的报告》中还着重指出：“中央在1948年9月关于健全党委制的决定，对于加强党的集体领导，尤其起了重大的作用……这个决定在全党实行了，并且直到现在仍然保持着它的效力。……这个决定的重要意义，在于它总结了党内认真实行集体领导的成功经验，促使那些把集体领导变为有名无实的组织纠正自己的错误，并且扩大了实行集体领导的范围。”进一步讲，“党委会议制度”所凝结和体现的乃是“民主集中制”这一我们党根本的组织领导原则。据此而论，《党委会的工作方法》所列五个方面共计12条内容正是对“党委会议制度”及其“民主集中制”原则在逻辑上和历史中具体的创造性的展开和延伸。一言以蔽之，统括《党委会的工作方法》的那个一以贯之的根本方法就是我们党

① 毛泽东：《关于健全党委制》，《毛泽东选集》（合订一卷本），人民出版社，1964年版（1966年横排本），第1282页。

的"民主集中制"这一根本组织领导原则。因此，要深入掌握《党委会的工作方法》所蕴含的领导方法论真髓就必须对"民主集中制"原则有所觉悟，既知其然更知其所以然，唯此才能真正尊重、维护并且能动地贯彻落实这项根本的组织领导原则，进而在实践中结合具体实际不断优化党委领导工作的制度建设、不断深化对领导方法论的探索。

"民主集中制"是我们党开展组织领导工作的一件传世法宝，是马克思主义领导方法论的内核，与生俱来地分享着马克思主义所特有的鲜明的实践性、科学性和阶级性。首先，"民主集中制"是我们党在马克思主义理论指导下结合革命与建设的斗争实践、不断总结成功经验与失败教训的基础上逐渐确立起来、坚持下来的集体领导性质的组织原则。它绝非抽象的思辨理论设计，恰恰相反，它来源于实践、指导实践并接受实践的检验。在此意义上，作为组织领导原则的"民主集中制"也必然能动地导向实践层面的、感性现实的组织领导制度。毛泽东同志指出"要党有力量，依靠实行党的民主集中制去发动全党的积极性"。[1]原则可以在有了觉悟的头脑中发挥主导作用，而制度则以规矩和纪律的方式进一步约束行为，这两个方面恰如人之身心，有机统一、内在关联，从而释放出巨大的生命活力。就此而论，马克思主义的领导方法论在思想观念中是原则意识的觉悟，在实践层面则表现为组织制度的建设与运行，简言之，是原则与制度的高度统一。因此，"民主集中制"既是一种思想原则也是一种组织制度，"党委会议制度"就是"民主集中制"原则在党的领导实践中的制度体现。其次，"民主集中制"是我党践行辩证唯物主义认识论路线的生动写照，是一切从实际出发、具体问题具体分析、实事求是的探索过程中取得的智慧成果。它在组织工作、领导决策上所具备的强大科学性优势，不仅可以得到理论

① 毛泽东:《为争取千百万群众进入抗日民族统一战线而斗争》,《毛泽东选集》(合订一卷本)，人民出版社，1964年版（1966年横排本），第256页。

上的论证，更可以在实践检验的结果上获得决定性的支撑。无论在革命时期还是在建设、改革时期，几代中央领导集体对“民主集中制”的科学性有高度一致的认可和自信。习近平总书记2014年9月5日在庆祝全国人民代表大会成立60周年大会上指出：“民主集中制是中国国家组织形式和活动方式的基本原则。”此外，“民主集中制”是服务于无产阶级先锋队、领导广大人民群众开展斗争的制胜法宝，具有鲜明的阶级特质，它是马克思主义群众史观和群众路线在我们党的组织领导原则和制度上的具体体现。它在原则和制度上根本地保障了广大党员同志的党内民主，能够充分调动广大党员同志和人民群众参与政治的积极性和创造性。“民主”是人民内部的民主、党内的民主，“集中”则是在“民主”基础上形成统一意志、形成战斗力，从而组织领导广大党员同志和人民群众一起开展实际的斗争和工作。总之，“民主集中制”所禀赋的实践性、科学性和阶级性，都打着马克思主义的鲜明烙印，是原则与制度的高度统一，是马克思主义领导方法论独具特色、别具一格的根本体现。

如果说作为马克思主义领导方法论内核的“民主集中制”是根本大法，是“纲”，那么《党委会的工作方法》的内容就是系于此“纲”上的“目”。“纲”的现实性、丰富性、生动性需要“目”的具体规定性来转化和实现。纲举目张乃能贯通，通则圆活乃能为用，体用兼备则虽临万变而不离其宗。“纲”是体，“目”为用；“纲”是《党章》中已明确规定了的组织领导原则和制度安排，“目”则是作为领导工作主体的干部个体对“纲”的思想政治觉悟及其能动的实践转化方式。“纲”是一般性的，“目”是特殊性的。毛泽东同志早就讲过“我们共产党人无论进行任何工作，有两个方法是必须采用的，一是一般和个别相结合，二是领导和群众相结合”。[①] 事实上这两个方法都内蕴在《党委会的工作方法》中并得到了淋漓尽

① 毛泽东：《关于领导方法的若干问题》，《毛泽东选集》（合订一卷本），人民出版社，1964年版（1966年横排本），第852页。

致的体现和贯彻。基于这样的看法，我们再来审视《党委会的工作方法》就可以更立体把握其所蕴含的领导方法论系统的基本结构。

《党委会的工作方法》所列的五个方面共计12条内容涉及的都是干部个体在实际领导岗位上必然要面对的基本问题类型以及相应的解题原则。其中，处理好上下级之间的纵向关系以及同级之间的横向关系是领导方法论上的基本课题,也是充分发挥党内民主、调动各方积极性、统一思想、形成共识、有力集中的内在要求。谁处理不好这一纵一横的关系，谁就当不了好领导，就领导不好工作，就会对我们党的事业造成损失甚至伤害。实际上，处理好这一纵一横关系的关键仍然在于如何处理党内的“民主”与“集中”的关系问题。“要把问题摆到桌面上来”“互通情报”“不懂得和不了解的东西要问下级，不要轻易表示赞成或反对”都是落实党内民主的方法原则；“党委书记要善于当‘班长’”，“应该很好地学习和研究”，“做宣传工作和组织工作”则是在党内民主基础上实现有力集中的应有之义。至于全面而有重点地开展和落实工作任务（“学会‘弹钢琴’”，“要‘抓紧’”）、调查研究基础上的识数定性（“胸中有‘数’”，“划清两种界限”）、会风文风作风的改善优化（“‘安民告示’”，“‘精兵简政’”，“力戒骄傲”）、团结统战的重要性（“注意团结那些和自己意见不同的同志一道工作”）等其他四个方面共计八条内容，则是如法处理上下级以及同级之间一纵一横关系的进一步展开和细化。因而，从根本上讲，《党委会的工作方法》就是对“民主集中制”的生动解读和具体揭示，离开“民主集中制”谈《党委会的工作方法》就会难得要领。

值得注意的是，毛泽东同志在《党委会的工作方法》的简短篇幅内密集地运用了“学习”“研究”“讨论”“交流”“分析”“综合”“调查”等字眼，我们认为这种特定的语言表述形式并非偶然的、随意的，而是承载着、传达着非常关键的实质性信息和内容——“党委会的工作方法”或者说马克思主义的领导方法论是一门大学问，如何贯彻落实“民主集中制”的原则、制度、精神没有现成的、教条的标准答案，而只有一些仅供参考的指导性原则，并且对这些指导性原则的活学活用仍然必须以切实提升干部个体的思想政治觉悟和处理现实问题的工作能力为前提，因此，唯一的途径就是在马克思主义基本原理指导下的调查、研究、学习。在此意义上,《党委会的工作方法》也是一部干部培训指南。事实上，我们党历来重视对干部的教育培养、历来强调干部的学习成长。新时期习近平总书记谆谆劝勉全党同志："好学才能上进。中国共产党人依靠学习走到今天，也必然要依靠学习走向未来。我们的干部要上进，我们的党要上进，我们的国家要上进，我们的民族要上进，就必须大兴学习之风，坚持学习、学习、再学习，坚持实践、实践、再实践。"[①] 那么，学什么、怎么学？要学习的东西很多、可供采取的途径也不少，然而从提升领导干部的政治思想觉悟和工作方法的角度来看，有一个根本任务是不可或缺的，正所谓"学马列要精，要管用的"。[②] 习近平总书记明确指出："学哲学、用哲学，是党的一个好传统。要坚持用马克思主义哲学教育和武装全党，党的各级领导干部特别是高级干部要原原本本学习和研读经典著作，努力把马克思主义哲学作为自己的看家本领，掌握科学的世界观和方法论，更好认识规律，更加能动地推进工作。"[③] 一言以蔽之，以马克思主义理论武装起来的具有强大战斗力的干部队伍是贯彻落实党的领导、开创党的事业新局面的关键所在。在革命时代中，毛泽东同志认为："这些干部和领袖懂得马克思列宁主义，有政治远见，有工作能力，富于牺牲精神，能独立解决问题，在困难中不动摇，忠心耿耿地为民族、为阶级、为党而工作。党依靠这些人来联系党员和群众，依靠这些人对群众的坚强领导以实现打倒敌人之目的。这些人不要自私自利，不要个人英雄主义和风头主义，不要懒

① 习近平:《习近平总书记系列重要讲话读本》，学习出版社、人民出版社，2014年，第94页。

② 邓小平:《在武昌、深圳、珠海、上海等地的谈话要点》,《邓小平文选》(第三卷)，人民出版社，1993年，第382页。

③ 习近平:《习近平总书记系列重要讲话读本》，学习出版社、人民出版社，2014年，第175页。

惰和消极性，不要自高自大的宗派主义，他们是大公无私的民族和阶级英雄，这就是共产党员、党的干部、党的领袖应该有的性格和作风。”① 在为实现中华民族伟大复兴的中国梦而奋斗建设的时期，老一辈领导干部的觉悟、作风和素质仍然是我们永不过时、务必学习思齐的光辉榜样。

综上所论，我们党的马克思主义领导方法论的基本结构是系统清晰的，即坚持“民主集中制”这一根本原则、健全并依托“党委会议制度”开展组织领导工作、提倡调研学习强化干部的教育培养。概言之，重温《党委会的工作方法》掌握其领导方法论精髓就必须用“民主集中制”来统括贯通，用马克思主义理论特别是哲学基本原理来升华和驾驭五个方面共计12条内容，结合当前的工作实际来学习和调研，从而创造性地活学活用。以上是对毛泽东同志这篇光辉文献所蕴含的马克思主义领导方法论进行的初步探索，尽管略有层次但仍不免繁冗，如果一定要用简明的几句话来概括一下，我们认为可以是这样：民主集中、制度健行，一纵一横、持则秉公、调研学习、从容圆通。

① 毛泽东：《为争取千百万群众进入抗日民族统一战线而斗争》，《毛泽东选集》（合订一卷本），人民出版社，1964年版（1966年横排本），第255页。

基于拜拉姆跨文化交际理论探索高校国际化人才培养新模式[①]

外事办公室　王雨蒙

摘要：在全球化大背景下，应时代要求，高校一直以国际化人才培养为重要教育理念，以加强国际交流与合作为助推器，注重培养融入全球化文化、外语与专业精通的复合型人才。通过对拜拉姆（Michael Byram）跨文化交际理论模型分析，结合高校教育实际情况与可操作范畴，探索形成相应的以增强跨文化交际能力为基石，以培养跨文化代言人为目标，以转化结合要素与实践为支柱的高校国际化人才培养新模式。

关键词：拜拉姆跨文化交际理论　国际化人才　培养新模式

"跨文化交流是文化的一种内在必然性"，自人类文明开始之初，"在个人、群体、民族、国家的交往过程中，不同的文化特质必然会相互作用，相互交融"。[②] 跨文化交流是文化自身固有的性质所引发的，21 世纪全球不同文化之间的交流、碰撞和相互依存程度达到了空前的程度，跨文化交流的总趋势"则是多文化在某种程

---

① 本文为外交学院2016年度院级教改项目《基于拜拉姆跨文化交际理论模型探索高校国际化人才培养新模式》（项目编号：2016—JG08）的阶段性研究成果。

② 蔡青主编：《跨文化交流》，北京：清华大学出版社，2011 年版，第 27 页。

度的共融，文化全球化是世界文化发展的必然进程”。[①] 在此文化趋势背景下，跨文化交际能力逐渐成为衡量人才的基本指标之一，也是国民素质这一国家软实力的重要表现形式。教育作为立国之本，全球化对高等教育提出了以培养高校学生跨文化交际能力为目标，探索培养国际化人才新模式的要求。

一、高校国际化人才培养模式现状及目标

在全球化的大背景下，高等教育目标不应再固步于满足国内人才需求，而需突破国家或区域的既有框架理念，以更广阔的国际视野定位人才培养目标和模式。建设世界一流的大学，必须培养一流的人才；培养一流的人才，离不开一流的国际化办学模式。

20世纪80年代以来，国内高等教育国际化发展变革巨大，形式与手段日趋多元化。国内高等教育界一直积极探索国际型导向的复合型人才培养模式，取得了较为丰富的研究成果，并付诸实践，同时在实践中总结经验，对现有培养模式进行修正与创新。国内学者关于国际化人才培养模式的观点主要有以下几种类别。

（一）以结合国外教学资源为主的培养模式

通过优化结合国外教学资源，以国际化办学模式来培养国际化人才，几种典型模式有：引进课程培养模式、双学位培养模式、学分互认学生交流模式、创新型人才培养实验模式等。[②]

（二）以本土教学资源国际化为主的培养模式

高等教育在国际化人才培养过程中，不仅要推动学生赴外交流

① 蔡青主编:《跨文化交流》，北京：清华大学出版社，2011年版，第27页。

② 裴文英:《高校发展视野中国际化人才培养研究》,《江苏高教》,2007年第6期，第79—80页。

学习，更应该加强本土教育教学管理人员的海外培训，具体从优化课程体系、课程内容国际化和建设国际化师资队伍等方面构建国际化专业人才培养模式。①

（三）实践型培养模式

实践型培养模式强调职业能力训练，强调在国际化人才培养模式中应增强学生的职业能力训练，并提出采取“毕业证书+技能证书/职业资格证书”的培养模式，鼓励甚至要求学生在领取毕业证书的同时取得其他国际认可的职业资格证书，增强工作竞争力。②

（四）五要素培养模式

此培养模式主张围绕人才培养的五个基本要素即培养目标、培养规格、培养方案、培养途径及教育评价来建构，同时也进一步提出了“合作教育”的人才培养方案。③

国内高等教育界一直通过探索与实践相互转化促进的形式来推动国际化人才培养的发展改革。上述培养模式均以不同形式在国内高等院校进行实践，并取得了一定成绩，国内高等教育界国际化人才培养模式已初具机制化规模。在全球化程度日益加深、高等教育国际化水平不断提高和国际化人才需求不断提高的背景下，更需进一步探索与时俱进的国际化人才培养新模式，适应时代需求。

在探索国际化人才培养的模式过程中首先应该确定高等院校国际化人才培养的目标。国际化人才的最终能力体现形式为跨文化交际。对于21世纪的国际化人才，国际交往已经成为日常生活、学

---

① 卢江滨、李晓述：《中国高校国际化专业人才培养的践行与展望——以武汉大学为例》，《武汉大学学报：哲学社会科学版》，2009年第6期，第77—81页。

② 张宇馨：《对应用型本科国际经济与贸易课程体系的思考》，《经济研究导刊》，2010年第2期，第225—227页。

③ 孔韬、陈汉平：《高职院校国际化人才培养模式探析——以广东农工商职业技术学院为例》，《广东农工商职业技术学院学报》，2011年第5期，第143—145页。

习与工作的重要组成部分，跨文化交流则成为国际化人才能力的试金石。高等院校的国际化人才培养应该围绕跨文化交流展开，亟须探索一种以跨文化交际能力养成为核心的国际化人才培养新模式。仅仅具备某种外语语言能力不等同于具备跨文化交际能力，也不能满足所有的跨文化交流需求。鉴此，应该分析清楚跨文化交际能力的定义和组成因素。

二、拜拉姆跨文化交际理论模型

根据拜拉姆的跨文化交际理论模型，“跨文化交际能力主要集中体现在人际关系的建立和保持，而不只是信息的交流或交换”，[①] 其核心概念是“批判性文化意识”，是“一种基于个人和他人文化和国家的明确标准、观念，以及行为产物等的批判性评价能力”，[②] 包括如下能力：能够识别和解释自身以及其他文化中文本和实践中存在的显性和隐性价值观；能够对某一具体观念以及标准的文本和时间进行评价性分析；能够根据明确的标准参与跨文化交流活动，能够基于个人的知识、技能和态度协商处理跨文化交流活动中的问题。[③]

基于对跨文化交际能力的认识，拜拉姆认为形成或影响跨文化交际能力的四大因素包括态度、知识、技能和文化批评意识。态度是指如何对待他文化和我文化在信仰和行为方面的差异，正确的态度是成功实现跨文化交际的先决条件。知识是指对自己国家的文化和对象语国家的文化有所了解，这还包括对个人和社会层面上的交流互动过程的认识。技能是指个人利用已有的知识框架对外来事务

① Michael Byram, *Teaching and Assessing Intercultural Communicative Competence*, 上海外语教育出版社，2014, p.34。

② Ibid., p.53.

③ Ibid., pp.157-173.

和文献进行理解并发现其内涵的能力，包括两方面：一是解读和联系的技能，即解读对方文化的有关资料，将其与自己文化的相关资料联系起来的能力。二是发现和交往的技能，即发现对方文化的新知识，并能将之用于实际交际、处理实际交际中一些互动问题的能力。文化批评意识指在明确标准下鉴别、评价本民族文化，以及其他国家的文化惯例和文化产物的能力，也包括利用自己的知识、技能和态度在跨文化交际中进行有效互动和磋商的能力。①

拜拉姆认为以上四要素是跨文化公民应具备的基本素质和能力。以教育为核心，将以交际式语言学习为基础的交际能力的概念融入其中，认为跨文化代言人应当为外语学习的最终目标。理想的跨文化代言人并不是要改变他人，而是要在文化交流中形成自己的文化立场。结合跨文化交流技能的四大要素，培养理想的跨文化代言人需通过教育达到以下目标：培养跨文化态度——保有好奇心和开放的心态，不急于对自身文化做出肯定的判断而对其他文化做出否定的判断；获得跨文化知识——了解某社会群体及其产品、本国及交际对象国的行为方式、社会和个人交往的一般过程；培养跨文化技能——解释和联系的技能，能够结合自身文化中相关的文献或事件对来自另一文化的文献或事件进行阐释；发现和交往的技能——能够获取某文化或文化活动的新知识，并且能够在实际交流中综合运用态度、知识和技能；培养文化批评意识——能够依据明确的标准对来自自身文化及其他文化和国家的观点、行为和产品做出评判。②

跨文化态度、跨文化知识、跨文化技能和文化批评意识共同组成了跨文化交际能力，通过教育培养出具备上述能力的跨文化代言人正是高校国际化人才培养的目标。

---

① Michael Byram, *Teaching and Assessing Intercultural Communicative Competence*, 上海外语教育出版社, 2014, pp.31-55.

② Ibid., pp.56-74。

三、探索高校国际化人才培养新模式

在拜拉姆的跨文化交际理论模型目标框架下，三个重要的培养跨文化交际能力的处所包括教室、课外教师指导下的体验场地和亲身体验场地。[①]通过对上述三类处所分析，围绕培养跨文化态度、获得跨文化知识、培养跨文化技能和培养文化批评意识四个培养目标，通过点面结合、层层递进的形式探索高校国际化人才培养的新模式。

（一）课堂教学

课堂教学是培养跨文化交际能力的立足点，为培养学生对本土文化及全球文化的意识和判断打下基础。

目前国内高校的国际化人才培养模式多采用拿来主义，通过引进课程或者引进海外师资来构建学生的全球文化知识架构。此类培养模式有助于学生理解其他文化，是培养跨文化交际能力的基础。但是，其过程往往忽略了培养学生的本土文化身份认识以及面对文化互动和文化冲突时的分析能力。对本土文化身份认识的缺失，会导致在进行跨文化交流过程中不能进行良好有效的互动，无法建立文化自信感，不能持有适宜的跨文化态度，最终导致无法完成有效的跨文化交际。面对文化互动甚至文化冲突时，如果没有对本土文化和其他文化差异的深入理解，不能做出自己的分析，则容易导致被牵着鼻子走，偏离认知的正确轨道。

理想的跨文化代言人并不是要改变他人，而是要在文化交流中形成自己的文化立场。[②]对本土文化的全面自知则是形成文化立场

① Michael Byram, *Teaching and Assessing Intercultural Communicative Competence*, 上海外语教育出版社, 2014, pp. 56-74.

② Michael Byram, *Teaching and Assessing Intercultural Communicative Competence*, 上海外语教育出版, 2014, pp. 56-74。

的基本。在高校课堂教学中，在引进课程或师资的同时，更应该侧重通过多重视角、不同形式对本土文化与他国文化进行比较，促使课堂成为文化互动的空间，带动学生探索不同文化及文化身份，帮助学生加深对本土文化的理解，反思本土文化，提高跨文化意识。同时，文化教学不仅仅是知识的传授或记忆，更应该注重跨文化交际技巧的培养、评判性的阅读、对比分析和调查研究，鼓励学生挑战自我的文化偏见，并重新在地方和国家的层面上审视自我文化身份。[①] 最终，理想效果是：学生能够识别和解释自身以及其他文化中文本和事件中存在的显性和隐性价值观。[②]

（二）超越课堂

超越课堂的培养方式多指课外教师指导下在教室以外的地方体验跨文化交流，培养学生的跨文化分析能力。

随着国内高校体制的深化改革，“课外活动”不再只是虚设，内容日益丰富，其中有两类较典型的跨文化交际活动，即通过角色模拟扮演体验不同文化的活动和跨文化科研项目。以模拟联合国大赛为例，该活动是一类通过角色模拟扮演体验他国文化的学生活动，主要形式为学生模拟扮演联合国各国代表就某一问题进行讨论并发表言论。该活动不仅在国内举办，也在国外知名高校举办，国内多所高校每年选派优秀学生赴海外一流大学参加此活动。此外，各高校也为学生提供跨文化科研项目，学生需与其他文化不同群体进行交流，收集材料并进行汇总综述。现有的高校跨文化交际课外活动为学生创造了跨文化体验的环境，培养学生的跨文化分析和反思能力。

目前此类活动多以“走出去”或者单一性活动为主，即单向的赴外或者仅限于单一学科进行交流，可考虑通过创新方式，以更多

---

① Ibid., pp.9-130.

② Michael Byram, *From Foreign Language Education to Education for Intercultural Citizenship*, 2014, pp.157-173.

元化的形式，搭建“引进来”桥梁，举办学科交叉的跨文化交际学生活动，提高学生对不同文化中陌生的社会文化现象进行分析和阐释的技能。此外，此类活动现多局限于高校范围，缺乏真正的社会实践性，可增加更多的实际应用因素，为学生提供独立收集信息的机会，通过走出校园到社会中去，锻炼提高学生的跨文化交际能力。最终，理想效果是：学生能够对某一具体观念以及标准的文本和事件进行评价性分析。[①]

（三）亲身体验

亲身体验即赴海外进行直接的跨文化交际，是跨文化交际的实践形式，锻炼学生的跨文化交际能力。

国际化是高校综合实力的体现，而学生赴外交流情况则是衡量高校国际化水平的一项重要指标。国内高校多重视此项工作，采取双学位培养模式、学分互认学生交流模式、创新型人才培养实验模式、国内学历教育+国外执业资格教育培养模式等多模式培养方式，[②] 为学生提供实际的跨文化交际机会，提高学生的解释和联系、发现和互动等跨文化交际技巧，也可通过与文化的直接互动建立形成自己的文化立场。

鉴于培养国际化人才需求的增加以及自上而下政策上的倾斜和支持，国内各高校的学生赴外交流学习的人数逐年递增，为国际化人才培养搭建好了基本框架。在保障量的前提下，质的效果如何却没有进行有效的评估。学生通过此途径赴外交流，在他国亲身体验跨文化交际后是否形成了自己的文化立场，是否能够以客观的标准及正确认识为基础，批判性地评价交往者自己及他者的文化、观点和文化产物以及是否具备对他者文化的甄别选择能力？现有的学生

① Michael Byram, *From Foreign Language Education to Education for Intercultural Citizenship*, 2014, pp.157-173.

② 裴文英：《高校发展视野中国际化人才培养研究》，《江苏高教》，2007年第6期，第79—80页。

交流机制多注重人数和学生的海外学习成绩，却忽略了上述因素，即跨文化交际能力的习得。人数和成绩可以直观的体现，而跨文化交际能力则需要通过反馈评估才能得以分析。在现有学生交流机制上建立一个动态评估反馈体系，即学生完成海外交流学习后提交跨文化实地体验报告并对其进行评估，对学生跨文化交际能力的情况进行汇总，并以此为根据及时修正现有交流模式的不足和缺陷，在有限条件下达到最大的交流效果，提高学生的跨文化交际技能和文化批判意识。最终，理想效果是：学生能够根据明确的标准参与跨文化交流活动，能够基于个人的知识、技能和态度协商处理跨文化交流活动中的问题。①

四、总结

在全球化大背景下，国际交往日益密切，培养具备跨文化交际能力的国际化人才成为高校的教育目标，在现有的高校机制内，通过课堂教学、超越课堂、亲身体验等形式培养学生的跨文化态度、跨文化知识、跨文化技能和文化批评意识，帮助学生习得跨文化交际能力，在对其他文化进行评判的时候形成自己的立场，② 能够识别和解释自身以及其他文化中文本和事件中存在的显性和隐性价值观，能够对某一具体观念以及标准的文本和事件进行评价性分析，能够根据明确的标准参与跨文化交流活动，能够基于个人的知识、技能和态度协商处理跨文化交流活动中的问题，③ 成为理想的跨文化代言人。

① Michael Byram, *From Foreign Language Education to Education for Intercultural Citizenship*, 2014, pp.157-173.

② Michael Byram, *Teaching and Assessing Intercultural Communicative Competence*, pp. 56-74.

③ Michael Byram, *From Foreign Language Education to Education for Intercultural Citizenship*, 2014, pp.157-173.

大学生思想政治教育中社会主义核心价值观认同培育探析

基础教学部　赵　萍

摘要：对大学生培育和践行社会主义核心价值观，首先形成对社会主义核心价值观表达的国家、社会和个人层面的价值标准予以认同并转化为大学生的自觉追求。要在科学性、文化性和价值性方面寻找认同的依据、认同的根源和认同的动力。要能够使大学生在认同社会主义核心价值观的前提下，以社会主义核心价值观来矫正自己的精神追求，提升自己的价值目标和精神品质。

关键词：大学生思想政治教育　社会主义核心价值观　认同培育

党的十八大报告提出："倡导富强、民主、文明、和谐；倡导自由、平等、公正、法治；倡导爱国、敬业、诚信、友善，积极培育和践行社会主义核心价值观。"① 中共中央办公厅印发的《关于培育和践行社会主义核心价值观的意见》：深入研究社会主义核心价值观的理论和实际问题，深刻解读社会主义核心价值观的丰富内涵和实践要求，为实践发展提供学理支撑。②

① 《中国共产党第十八次全国代表大会文件汇编》，北京：人民出版社，2012年。

② 本书编写组：《培育和践行社会主义核心价值观》，.北京：人民出版社，2013年。

习近平总书记更是强调要把培育和弘扬社会主义核心价值观作为凝魂聚气、强基固本的基础工程。大学生思想政治教育中要继承和发扬中华优秀传统文化和美德，引导大学生认同社会主义核心价值观，追求高尚的道德理想，夯实社会主义核心价值观为基础的社会主义思想道德基础。

社会主义核心价值观包含了国家层面的价值目标、社会层面的价值取向和个人层面的价值标准，具有深刻的理论意义。要使社会主义核心价值观转化为大学生的自觉追求，被大学生正确掌握并引导实践，首先社会主义核心价值观的理论必须得到大学生的普遍接受和理解认同。因此，培育大学生社会主义核心价值观认同的前提就是让大学生在理论上对社会主义核心价值观予以认同，只有在理论上把社会主义核心价值观透彻入心，大学生思想政治教育才能达到培育和践行社会主义核心价值观的最终成效。

一、社会主义核心价值观的认同

认同（identification）是心理学和社会学的范畴，一些心理学家和社会学家根据自己的研究对认同进行一些学术上的界定，但并没有形成统一的概念。弗洛伊德认为："认同被看作一个心理过程，是个人向另一个人或团体的价值、规范与面貌去模仿、内化并形成自己的行为模式的过程，认同是个体与他人有情感联系的原初形式。"汉斯·摩尔（HansJ.Mol）从个人和社会两个层次论述了认同的内涵，在个人层次方面，他认为认同是一个人在混沌环境中所占据的稳固方位，个人能够据之对外在环境做出积极的防御；在社会层次方面，他认为认同是一个基本的及普遍拥有的信仰、模范及价值之综合，它能抵抗外在事务对本身环境与成员的威胁及维续自身。英国心理学家贝特·汉莱密认为，认同由三个层次展开，即从群体认同经过社会认同到自我认同。[①]认同是一种归属，一种从群体或个人获得信任的系统，信任产生内在的驱动力，更增强了认同。由此可见，认同理论是由表及里，由内到外的一种认识和接纳的过程，是设及意识、情感和行为的一种连锁过程。是在情感和意识上产生亲近感和归属感，继而承认、赞同和接受的行为，是一种自愿的模仿、接受和自我规范的过程。

大学生社会主义核心价值观的理论认同应该从三个层次来推进。第一，对国家层面的价值目标的认同。我国建设社会主义现代化国家和民族复兴的目标和价值指向是富强、民主、文明、和谐。在经济上实现国富民强；在政治方式上追求民主；在社会文化目标上追求文明；社会氛围追求和谐平和。国家的追求是整个民族发展方向的指引。国家层面的价值目标为社会和公民的价值追求指引方向和设立框架，并提供力量保证。第二，对美好社会的定位体现在自由、平等、公正和法治，也是社会进步和发展的价值依托。自由，彰显人性的需求，是人随着自己的意志存在和发展的自由；平等，公民在法律面前人人平等，体现国家公民的个体尊严；公正，社会公权力倡导公平正义，也是向公民权利致敬；法治，是社会规则的最终追求，现代国家治国理政的基本方式。社会层面的价值追求犹如国家和个人层面追求的连接点，融合国家和个人的价值观。第三，公民个人的价值追求，爱国、敬业、诚信和友善。热爱自己的国家，是每一个公民对自己国籍国的基本情感，是公民个人恪守的基本道德底线；敬业和诚信是公民对自身修养的要求，是健康的人生态度，是彰显人伦美德的内在要求，继而会形成友善的人与人之间的关系，个人的自我道德觉悟是整个社会道德氛围的组成部分。个人层面的价值标准也是社会和国家层面价值标准的追求，这三个层面是密切相关联的，互相呼应和映射，相互影响，是中华民族伟大复兴的道德基座的一部分，形成强大的民族精神力量。

---

① 梁丽萍:《中国人的宗教心理》，北京：社会科学文献出版社，2004年，第14—17页。

大学生社会主义核心价值观认同的基础是：

习近平总书记指出，每个时代都有每个时代的精神，每个时代都有每个时代的价值观念。对一个民族、一个国家来说，最持久、最深层的力量是全社会共同认可的核心价值观。核心价值观，承载着一个民族、一个国家的精神追求，体现着一个社会评判是非曲直的价值标准。一个民族、一个国家的核心价值观必须同这个民族、这个国家的历史文化相契合，同这个民族、这个国家的人民正在进行的奋斗相结合，同这个民族、这个国家需要解决的时代问题相适应。[①] 社会主义核心价值观是中国共产党在马克思主义中国化的具体体现，是对中华民族传统优秀文化的继承和宣扬，对引领社会价值取向促进社会繁荣和谐具有重大意义。

1．科学性：社会主义核心价值观的科学性是形成理论认同的基本依据。社会主义核心价值观所具有的科学性是获得理论认同的逻辑前提。社会主义核心价值观是以马克思主义为基础的中国特色理论，社会主义核心价值观立足于实践，在实践中接受检验并得以提升和发展，具有与时俱进的品质。社会主义核心价值观是现今时代中国共产党集体独立思考和经过现实分析得出的科学成果。没有经过独立思考能力，缺乏知识性反思的理论不是科学的理论，是一种盲从和跟风。但并不是所有具有独立思考和明辨是非能力都能够抛开利益考量，具有说出真理的胆量和勇气，相反转而成为犬儒和投机的代表。但在社会主义核心价值观的表述中，充满了独立思考和向往美好的价值观的追求，国家层面的价值追求文明、和谐就是从根源上反对极权思想，不仅从思想意识上洗涮极权主义意识形态，更在政权方式上打破其对物质、经济和政治资源的垄断。这种追求在当今时代越来越重要了，因为权力如果仍然在人们的生活中牢牢控制着人们的生存资源，而且意识形态与人们的基本生存之间的联系依然不能打破，对权力的定义就显得尤为重要，国家层面的

① 《习近平谈治国理政》，北京：外文出版社，2014年。

政治追求几乎可以左右大多数人的命运，那么社会主义核心价值观的三层追求价值目标就尤为珍贵。

第一，理论上体现了创新与自觉。社会主义核心价值观是对近十年来中国共产党理论建设的高度凝练和升华，新的领导集体贡献的新理念和新智慧。对于西方价值观的冲击做出了回应，坚实地确立了提高我国文化软实力和竞争力的战略支点。社会主义核心价值观反映了马克思主义价值哲学发展的新成果。

第二，逻辑上涵盖了全面和层次。三个层面的表述是对社会主义核心价值体系丰富内涵的全面概括，逻辑上由点到面，全方位的贯穿核心价值观的各个方面。从国家、社会和个人三个层面涵盖了主要价值观主体的价值追求，其中“富强、民主、文明、和谐”是国家层面的价值观，反映了国家的主导价值观；“自由、平等、公正、法治”是被奉为社会主流的价值观，是引领中国社会发展现代文明的人类共同价值准则；“爱国、敬业、诚信、友善”是公民的基本价值观，也是国家和社会价值观的基础和链接。

第三，内容上具有了包容和自信。中国正处在改革开放的时代，习近平总书记更提出创新的重要性：“综合国力竞争说到底是创新的竞争。要深入实施创新驱动发展战略，推动科技创新、产业创新、企业创新、市场创新、产品创新、业态创新、管理创新等，加快形成以创新为主要引领和支撑的经济体系和发展模式。”[①] 多样化、创新型的社会需要更多的包容差异性和多样性才能被大多数人接受，包容性成为社会主义核心价值观构建的一个基本原则，而这种兼收并蓄、海纳百川的胸襟，也凸显了社会主义核心价值观的理论和文化自信。

2. 文化性：民族独有的文化是形成理论认同的根本依据。中华民族有自己独有的传统文化和精神积淀，是中华民族绵延数千年

① 习近平2015年5月27日在浙江召开华东7省市党委主要负责同志座谈会的讲话 http://military.people.com.cn/n/2015/0529/c172467-27072982.html。

代代相传的民族之魂，这些传统文化中的精髓，不仅闪耀着民族精神的光辉，更为社会主义核心价值观的认同增强了生命力、感染力和说服力。

第一，“民本思想”。《尚书·五子之歌》“皇祖有训，民可近，不可下，民为邦本，本固邦宁”民本思想早在夏商就曾出现，西周更是汲取前朝的经验，提出“敬德保民”“以德配天”，所谓“聿修厥德，永言配命，自求多福”。更有孔子和孟子提出的“民为贵，社稷次之，君为轻”，要求统治者具有“忧民之忧”“与民同乐”的政治修为，在先秦更形成了“天之生民，非为君也；天之立君，以为民也”的民本思想雏形。习近平总书记在主持中央政治局第28次集体学习时强调指出：“要坚持把增进人民的福祉、促进人的全面发展、朝着共同富裕方向稳步前进作为经济发展的落脚点。”又指出“要坚持和完善社会主义基本分配制度，努力推动居民收入增长和经济增长同步，劳动报酬提高和劳动生产率提高同步，不断健全体制机制和具体政策，调整国民收入分配格局，持续增加城乡居民收入，不断缩小收入差距”。习近平总书记强调把人民当目的，一切为了人民的基本经济建设，正是社会主义核心价值观所强调的“富强、民主”的民本思想的升华。

第二，“和合文化”。“和合文化”是中国民族文化的首要价值。“和为贵”和“贵和”的思想是中国传统文化最核心的价值取向。《中庸》“致中和，天地位焉，万物育焉”。《论语·学而》“礼之用，和为贵”。《礼记·中庸》“喜怒哀乐之未发，谓之中；发而皆中节，谓之和。中也者，天下之大本也；和也者，天下之达道”。《周礼》“以和邦国，以统百官，以谐万民”的政治准则。儒家学说更注重“人和”。孟子“天时不如地利，地利不如人和”。儒家不仅强调人际关系的“以和为美”，更为中国文化勾画了社会价值目标。《礼记·礼运第九》“大道之行也，天下为公。选贤与能，讲信修睦。故人不独亲其亲，不独子其子，使老有所终，壮有所用，幼有所长，鳏寡孤独废疾者皆有所养，男有分，女有归。货，恶其弃于地也，不必藏于己；力，恶其不出于身也，不必为己。是故谋闭而不兴，盗窃乱贼而不作，故外户而不闭。是谓大同”。发展到现代“中国人常报着一个天人合一的大理想，觉得外面一切异样的新鲜的所见所值，都可融汇协调，和凝为一。这是中国文化精神最主要的一个特征”。[①]更有“文化中发生冲突，只是一时之变，要求调和，乃是万世之常”。[②]“合有符合，结合之义。古代所谓合一，与现代语言中所谓统一可以说是同义语。合一并不否认区别，合一是指对立的双方彼此又有密切相连不可分离的关系”。[③]

第三，传统道德和民族精神。“一个人只有明大德、守公德、严私德，其才方能用得其所。修德，既要立意高远，又要立足平实。踏踏实实修好公德、私德，学会劳动、学会勤俭，学会感恩、学会助人，学会谦让、学会宽容，学会自省、学会自律”。[④]《论语·颜渊》“子贡问政，子曰：足食，足兵，民信之矣。子贡曰：必不得已而去，于斯三者何先？曰：去兵。子贡曰：必不得已而去，于斯二者何先？曰：去食，自古皆有死，民无信不立。”强调“民信”最为重要。《论语》“人而无信，不知其可也”。诚信是中华民族的优良传统。在民族精神中强调奋发图强，勇于拼搏，永不停息。《周易·乾》中说，“天行健，君子以自强不息”，更有《五代史冯·道传·论》曰：利义廉耻，国之四维，四维不张，国乃灭亡。善乎，管生之能言也！礼义，治人之大法；廉耻，立人之大节，盖不廉则无所不取，不耻则无所不为。人而如此，则祸败乱亡，亦无所不至；况为大臣而无所不取，无所不为，则天下其有不乱，国家其有不亡乎？”[⑤]国家的兴亡与每个人的廉耻礼义都有关，

① 钱穆：《中国文化史导论》，上海三联书店，1988年影印本，第162页。

② 钱穆：《中国文化精神》，台北：三民书局，1971年，第51页。

③ 张岱年：《中国哲学中“天人合一”思想的剖析》，《北京大学学报（哲学社会科学版）》1985年第1期。

④ 习近平 2014年5月与北京大学师生座谈时的讲话。

⑤ [清]顾炎武：《日知录·廉耻》，据上海古籍出版社影印本《日知录集释》。

和每个人的道德都有关。“构建社会主义和谐社会，需要鲜明的社会价值导向，以此引领和保证全体人民有共同的道德遵循，整个社会有稳定的内在秩序”。[①] 社会主义核心价值观蕴藏了中华民族传统深厚的文化内涵和流传深远的道德精神，这是获得大学生社会主义核心价值观认同的根本依据。

3. 价值性：价值性是形成社会主义核心价值观认同的动力来源。正如马克思所说：“人们奋斗所争取的一切，都和他们的利益有关。”[②]“正是自然必然性、人的本质特性（不管它们是以怎样的异化形式表现出来），利益把市民社会的成员联合起来”。[③] 因此，根本利益的满足是人们认同社会主义核心价值观的动力，而根本利益的满足最终是为了实现人的全面和自由的发展。社会主义核心价值观是符合广大人民的利益的价值导向，反映了广大人民的最根本利益，引领了社会思潮，凝聚了社会共识，具有重要的促进社会发展和谐的现实意义和价值。广泛的群众认同对于社会主义核心价值观形成更具价值性。

第一，从国内国外的大局来看，中国正处在改革开放、发展创新的伟大时期，新旧价值观念和社会思潮在新技术手段普及的方式下，铺天盖地的袭来，纷繁复杂的情况下更需要清晰的头脑和冷静的分析能力，更要有强大的理论和文化背景才能明晰自己的道路和方向。迫切需要社会主义核心价值观的高度认同，扩大社会主义核心价值观的社会影响力，把理论作为国家软实力的重要组成部分。

第二，从国家治理体系和治理能力现代化的要求来看，社会主义核心价值观是国家提出的立志、责任、发展的思路大纲，立志通过国家、社会和个人层面的三个追求，树立以社会主义核心

① 习近平：《干在实处 走在前列——推进浙江新发展的思考与实践》，中央党校出版社，2013年。

② 《马克思恩格斯全集》，第一卷，北京：人民出版社，1956年。

③ 《马克思恩格斯文集》，第一卷，第322页。

价值观为实质的价值观追求，为国家政治、人民生活奠定信念与规范的根基。其精义在于以社会秩序演进为国家权力运作的根本前提，重视文化传统积累意义上的礼则启示，警惕建构论心智的绝对权威逻辑。用社会主义核心价值观超越取法中国传统文化和价值观的常态格局，建立有时代特色的进取精神，体现现代崛起中国的风骨。

第三，从民族和人民的道德建设看，“构建社会主义和谐社会，需要有鲜明的社会价值导向，以此引领和保证全体人民有共同的道德遵循，整个社会有稳定的内在秩序”。[①] 社会主义核心价值观要成为民族的精神支柱和行动导向就更要提高其认同。正如习近平总书记说，摆脱精神上的贫困，才能走上繁荣之路。“我们在发展社会主义商品经济的同时，毋忘加强思想政治工作，要加强社会治理和道德素质的修养。我们必须有意识地促使人们在商品经济活动中逐步地认识商品生产的规律，商品生产经营的知识，逐步形成与现代生产和生活需要相适应的思想观念、道德品质和生活方式。不可物质上脱贫了，精神上却愚昧了。我们需要的是‘仓廪实而知礼节，衣食足而知荣辱’”。[②]

中国正处于社会转型期，社会思想意识处于多样和多变时期，广泛的社会认同与思想共识是社会主义伟大事业稳步推进的前提，社会主义核心价值观实现了国家、社会和个人价值目标的集合，有效的引领和整合了纷繁复杂的社会思想意识，是大学生思想上的旗帜和行动上的向导。社会主义核心价值观不仅能引领社会思潮，还能内聚社会共识，凝结民族向心力和归属认同感，为实现中华民族伟大复兴提供不竭的动力。

---

① 习近平:《干在实处 走在前列——推进浙江新发展的思考与实践》，中央党校出版社，2013年。

② 习近平:《摆脱贫困》，福建人民出版社，1992年。“仓廪实而知礼节，衣食足而知荣辱”，出自《史记·管晏列传》。

结　语

“博大精深的中华优秀传统文化是我们在世界文化激荡中站稳脚跟的根基。中华文化源远流长，积淀着中华民族最深层的精神追求，代表着中华民族独特的精神标识，为中华民族生生不息，发展壮大提供了丰厚滋养”。[①]国学宗师钱穆先生认为的，中华民族数百世血液浇灌、精肉培壅的民族文化精神具有顽强的生命力，充满了生机，不仅能挽救自身病态，也能回应西方文化的挑战，争取光明的前途。[②]

转型时期的中国社会，精神生活在物质的围困和多样价值的挑战下显得更加突出，不良的价值导向对大学生以及人们的生活质量，甚至包括社会发展都产生了消极的影响。社会主义核心价值观的认同培育就显得尤为重要。

“人不仅像在意识中那样在精神上使自己二重化，从而在他所创造的世界中直观自身”。[③]大学生思想政治教育要能够使大学生在认同社会主义核心价值观的前提下，反观和审视自己的精神追求，以社会主义核心价值观来矫正自己的精神追求，提升自己的价值目标和精神品质。努力加强主流意识形态的建设，解决现实问题，培育理性平和的社会心态。

① 习近平在中共中央政治局第十三次集体学习时强调，把培育和弘扬社会主义核心价值观作为凝魂聚气强基固本的基础工程，2014年2月25日19:01，来源：中国网络电视台视频介绍 tv.people.com.cn/n/2014/0225/c1...-快照-人民网人民电视。

② 郭齐勇：“明了民族生命精神之所寄——读钱穆《国史大纲》”，《北京日报》，2015年9月28日。

③ 《马克斯恩格斯文集》，第一卷，北京：人民出版社，2009年，第163页。

创新实践教学方式、探索人才培养新模式①

教务处　周彦喆

随着我国高等教育水平的不断提升，国家和社会对高等教育培养的人才提出更高的要求，希望高校培养有独立思考能力、创新创业能力、协作精神和社会担当能力的全面人才，这对于高校做好“实践育人”工作提出了新的要求。2015年教育部等7部委联合下发的《教育部等部门关于进一步加强高校实践育人工作的若干意见》文件明确指出：“进一步加强高校实践育人工作，是全面落实党的教育方针，把社会主义核心价值体系贯穿于国民教育全过程，深入实施素质教育，大力提高高等教育质量的必然要求。”高等学校应深刻认识到推进实践教学的重要意义，将其变为改革传统应试教育的不足和全面提升教育质量的突破口，贯穿于高校人才培养的全过程，体现和落实到课堂教学、实验教学、实践与能力培育、国际化教育等教育教学的各个环节。

① 本文为外交学院2016年度院级教改项目《以创新实践地基建设为例探讨创新实践活动对教学的推动作用》（项目编号：2016–JG07）的阶段性研究成果。

一、构建第一课堂与第二课堂互补的教育教学体系

实践教学是学校教学工作的重要组成部分，是深化课堂教学的重要环节，是学生获取、掌握知识的重要途径。学校要把实践育人工作摆在人才培养的重要位置，纳入学校教学计划，系统设计实践育人教育教学体系，规定相应学时学分，合理增加实践课时，确保实践育人工作全面开展。要区分不同类型实践育人形式，制定具体工作规划，深入推动实践育人工作。按照教育部要求，人文社会科学类本科专业不少于总学分（学时）的15%。

大学生创新实践活动作为实践教学的重要组成部分，在整个本科生教育教学体系中处于中间环节，起着承前启后的重要作用。它尽管属于课外实践教学环节，却使整个实践教学的培养体系更加科学和立体化，教学方法和途径更加丰富，效果更加明显。[①]

为了使分散、无序的第二课堂培训规范化、有序化和制度化，学校通过实施本科教育创新计划，优化专业结构，修订教学计划，完善课程体系，探索多样化、立体式的人才培养途径，将第二课堂开展的科技创新活动纳入人才培养体系，实施创新学分制度，鼓励学生创新，加强创新基金的使用，加大力度支持学生参与各类竞赛，调动他们参与教师科研项目的积极性，搞好假期及课余社会实践活动。同时，制定《外交学院本科生参加学科竞赛鼓励办法》，解决了多年来阻碍课外创新活动开展的诸多问题，如教师工作量的计算、薪酬的发放、培训场地等一系列问题。将创新学分纳入教学计划表明学校的人才评价机制已经发生重大转变，培养具有较强实

① 郭莉、王栩楠等：《大力开展创新实践活动 努力培养行业尖端人才》，《中国高等教育》，2012年第13期，第53—54页。

践与创新能力的人才，才是学校最终的培养目标。[①]

二、鼓励实践教学形式多样化，开展各类高端志愿活动

社会调查、生产劳动、志愿服务、公益活动、科技发明和勤工助学等社会实践活动是实践育人的有效载体。

学生是实践育人的对象，也是开展实践教学、军事训练、社会实践活动的主体。要充分发挥学生在实践育人中的主体作用，建立和完善合理的考核激励机制，加大表彰力度，激发学生参与实践的自觉性、积极性。要支持和引导班级、社团等学生组织自主开展社会实践活动，发挥学生在实践育人中的自我教育、自我管理、自我服务作用。

共青团动员和组织学生参加社会实践活动，倡导和支持学生参加生产劳动、志愿服务和公益活动，鼓励学生在完成学业的同时参加勤工助学，支持学生开展科技发明活动。要抓住重大活动、重大事件、重要节庆日等契机和暑假、寒假时期，紧密围绕一个主题、集中一个时段，广泛开展特色鲜明的主题实践活动。

目前，我院开展的长期志愿活动包括：首都图书馆志愿、国家图书馆、鲁迅博物馆、宋庆龄故居志愿讲解活动；音画梦想艺术支教活动、燕京小天鹅公益学校支教；北京红十字血液中心献血车志愿服务以及回龙观助老扶残志愿服务活动。

为发挥外院学生的“爱祖国、知世界，通专业、精外语，高素质、复合型”的特质，院团委还积极组织我院学生参与2014年APEC财长及领导人会议周志愿服务、2015年亚信非政府论坛首次

① 刘长宏、张恒庆等：《大学生实践与创新能力培养体系的研究与实践》，《实验室研究与探索》，2006年第5期，第552—554页。

年会志愿服务、2015年北京田联世锦赛志愿服务、首届世界旅游发展大会志愿活动、担任亚投行开业仪式暨理事会和董事会成立大会代表团联络员、2016年G20第一次协调人会议志愿者、亚投行2016年首届理事会年会代表团联络员等工作，充分锻炼了学生，使学生学有所用，在实践中锻炼自己。

三、挖掘学科优势，实现学科竞赛与课堂教学相互促进

大学生学科竞赛是整合课内外实践教育教学的重要环节，是培养学生创新精神和动手能力的有效载体，对培养和提高学生的创新思维、创新能力、团队合作精神、解决实际问题和实践动手能力具有极为重要的作用。[①] 学生通过参加专业竞赛活动特别是语言类竞赛活动，不断提升自身的语言运用能力、驾驭和应变能力，这也是外语类院校学生实践活动的重要方面。多年来的实践证明，参加学科竞赛可以提高学生的综合素质，特别是能有效培养学生的实践创新能力。学科竞赛主要是考核学生处理实际问题的能力，或者说是考核学生的实践创新能力。[②]

大学生学科竞赛有着常规教学不可及的特殊的创新教育功能，对培养学生创新能力，优化人才培养过程，提高教学质量，具有独特的和不可替代的作用。为了使学科竞赛成为高素质创新人才培养的一条有效途径，需构建大学生学科竞赛长效工作机制，形成学科竞赛的系列化、全程化和品牌化，使高校的学科竞赛成为创新型人

① 孙爱良、王紫婷:《构建大学生学科竞赛平台 培养高素质创新人才》,《实验室研究与探索》,2012年第6期，第96—98页。

② 王喜鸿、王良成、周密:《论以学科竞赛促进理工科学生实践创新能力的提高》,《实验室科学》,2011年第8期，第1—6页。

才培养的一条有效途径。①

为实践外交外事特色，学校创办了一系列高端活动，由学生自行管理。北京模拟联合国大会自2002年起创办，由共青团外交学院委员会主办，我院模拟联合国协会承办，已从最初15个代表团的参会规模发展到来自38所中国顶尖大学代表团（包括港澳台高校代表团）和20所优秀中学的逾300名精英学子的强大参会阵容。全国高校模拟新闻发言人大赛是由共青团外交学院委员会主办，我院广播电视台承办，全国范围内十余所高校参与的一项新闻类赛事，迄今为止已成功举办九届。自2013年，全国高校外交谈判大赛已成功举办三届。每年由十余所高校派出优秀代表队进行参与，每支代表队分别扮演不同国家外交官就一具体议题与其他代表队进行磋商谈判，争取在保护本国利益、遵循国际原则的基础上达成共识。

四、打造具有外院特色的外交外事创新实践基地

校内创新实践基地的建设，需要整合校内相关的教学实践资源，包括课程资源、师资力量、科研项目、实验室设备、场地与硬件资源等。需要强调的是，这种整合不应是原有资源的简单累加，而应是紧密围绕基地建设的目标和特色，对其进行统一规划、科学设计，是一种有机的整合。②

我院外交外事创新实践基地建设项目的主要内容是：打造具有我院外交外事特色的“学生竞赛品牌”，以外语类竞赛为龙头，逐渐形成涵盖外交、英语、国际法等各类专业的学生竞赛项目体系和平台，探索通过学生竞赛活动，培养学生创新精神与实践能力的人

① 孙爱良、王紫婷：《构建大学生学科竞赛平台 培养高素质创新人才》，《实验室研究与探索》，2012年第6期，第96—98页。

② 王建、杨燕萍：《高等院校校内创新实践基地建设思路探索——以中国人民大学理科公共平台校内创新实践基地为例》，《中国大学教育》，2013年第7期，第13—14页。

才培养模式新途径。坚持“突出创新、注重特色、开放共享”原则，通过搭建学生自主实践平台，探索高校创新性人才培养的有效模式，构建学生自主实践、勇于创新的长效机制，为培养学生的自主创新意识和创新能力营造良好的环境和氛围。

外交外事创新实践基地实现了资源整合。学院原本分散的各教学单位的创新实践活动被整合起来，实现了学科的交叉融合，适应了培养“大外交”人才这一人才培养目标的需要。学院还制定了《外交学院深化创新创业教育改革实施方案（2015—2020）》作为指导未来工作发展的纲领性文件。外交外事创新实践基地的主要活动包括以学生为主体，教师提供指导的各项外交外事特色学生创新实践活动。目前已成型的项目有：(1)五大学生原创活动，包括北京模拟联合国大会、全国大学生外交外事礼仪大赛、全国高校模拟新闻发言人大赛、全国大学生模拟政协提案大赛、全国高校外交谈判大赛；(2)英语创新实践品牌项目，包括学生参加中国辩论公开赛、全国大学生英语辩论赛、全国英语演讲比赛、全国高校笔译邀请赛、全国口译大赛（英语）等系列比赛；(3)国际法创新实践品牌项目，包括学生参加杰赛普国际法模拟法庭、国际刑事法院审判竞赛、国际人道法模拟法庭、WTO模拟法庭、贸仲杯国际商事仲裁辩论赛等系列比赛；(4)外语（法语和日语）类创新实践品牌项目；(5)学生参与国家级和北京市级大学生科学研究与创新创业行动计划项目。

五、统筹规划、创新和完善实践教学管理机制

对于既没有科技创新，也没有完善的规章措施的高校，其教师对学生科技创新能力培养的热情会降低。因此，需要构建完善的实践教学组织管理体系。高校教务部门、科技部门要牵头制定相应的教学体系和激励政策，学生工作部门牵头组建领导框架认真实施。

充分发挥组织协调能力，鼓励年轻教师、学生社团和学生骨干的参与，注重将学生科技创新项目与教师科研项目相结合，与教学和实践环节相结合，使学生自觉地将书本知识与科技创新相结合。[①]

我院具有较为系统的制度建设、丰富的创新性实践教学资源和顺畅的运行管理机制，并且形成了鲜明的外交外事特色。我院实践教学归口管理单位为教务处，成立由主管教学的院领导组成的专门领导小组，小组成员由各教学单位教学副主任、教务处处长、副处长，以及学生处、团委相关人员组成。小组的主要职能是：确定学生竞赛的主攻方向和优势学生竞赛项目；组织专业指导教师制定工作方案；协助专业指导教师对参赛学生进行赛前集中培训；协调相关部门提供相应培训保障；批准学生竞赛获奖向实践学分的转换；审议学生竞赛品牌打造工作中的其他事项。管理模式采取学习型扁平式组织模式，更为灵活、民主，有助于加强内部沟通，并且有利于调动教师和学生的创造性，能够更加迅速地对学生创新实践环境的变化做出反应。在场地使用上，使用需求预申报/审批制度，保证实践活动与正常教学活动平行进行；财务经费使用上采取预决算制，各实践活动负责单位做好年度规划并报相应预算，由领导小组审议批准。

小　结

实施精英教育、培养高精尖人才是外交学院的重要目标，创新人才培养模式，符合时代发展要求，是我校培养优秀外交外事人才的基本。创新实践教学模式是一项复杂而艰巨的工程，需要教学管理者和教师转变观念、更新理念，提升学生培养质量，适应国家实施创新驱动发展战略需要，建立具有我院特色的实践教学体系。

---

① 邵威:《基于第二课堂的大学生科技创新能力培养》,《才智》，2012第35期，第221页。

图书查重软件开发、探索与思考

图书馆　袁浩雄

一、开发查重软件的动因

图书查重是采访工作中重要的一环，减少复本、将有限的资金用于购买更多书籍，满足广大读者的需要是图书馆努力的目标。我馆自从使用北邮软件以来解决了以ISBN号查重检索的问题，减少了进书复本量，但是在使用书名结合作者姓名进行查重筛查时，速度奇慢，不能及时得到查重结果。另外，北邮软件对于书名中的标点符号有时不能有效地滤过，对于著者也不能进行有效的比对，这样一来查重的任务就落在了验收过程中。图书到馆再进行逐本查重，退重书，工作量之大可想而知。为此从2014年开始，图书馆采编组就尝试解决这一采访的瓶颈问题，我们先实现了英文到馆图书批量自动查重，又实现了英文图书预定查重，从根本上杜绝了英文重书。后来，我馆又开发了中文查重系统，使中文和英文不再出现重书。同时我馆开发的软件系统速度快（每分钟350条）、准确度高、使用方便，使采访工作迈上了一个新台阶。

二、查重软件利用的技术手段

针对北邮软件查重速度慢的现象，我馆进行了深入的研究。原来，北邮软件在使用书名结合作者名检索时，需要一边处理书名字符串一边检索，这是导致检索速度慢的根本原因。为了解决这一问题，我们设置了书名缩略子字段，检索时直接用缩略字段检索比对，效率倍增。另外对于著者的比对，我们编写了著者比对子函数来专门解决这一问题，把硬盘的读取变成内存的计算，速度呈几何级数增长。我馆采用MYSQL作为后台数据库，存储量大、读取速度快，选择EXCEL2003作为传递数据的媒介，简便、直观、易存储，选择VB作为开发程序。在程序的开发过程中，我馆大量使用子函数，使程序模块化、整体化、精确化。

三、程序开发、探索的过程

我馆图书查重软件的开发是从英文已到书的查重和剔除开始的。过去，由于缺少批量查重的软件系统，验收查重时，英文书需要逐一输入书名、著者，效率低、速度慢，为此我们在2014年首先开发了英文已到书查重系统，那时因为英文书不算很多，我们使用ACCESS作为后台数据库，小巧精悍。后来中文查重提上议事日程后，为了协调一致，才改用MYSQL数据库。在处理中文书目数据时，我馆研究了MARC数据存储格式和汉字UNICODE编码范围，成功解决了汉字的判断、存储、压缩等功能，软件虽小，深度不浅。

已到书查重剔除只是权宜之计，从根本上说图书查重应该从采访开始，把重书杜绝在采购之前，为此，我们也颇费了一番脑筋。

我们把查重分为三个过程，即预定书目自身查重、预定书目与已到书查重、预定书目与报送书目查重，这三个步骤有机统一，只有三不重的图书才可预定、报送，在这里采编组的领导和同志们都积极建言献策、群策群力、共同设计，应该说，图书查重软件的开发凝结着我馆我组全体同志的智慧和心血。

图书查重软件开发出炉之后，遇到许多问题，经过多次修改优化，这主要是因为我馆开发的查重软件是基于书名和著者的查重方式，算法比较复杂，过程务必精准。历史经验告诉我们，凡是复杂精准的事物往往比较脆弱，往往会出现这样那样的问题，而正是这样的软件才能解决实际工作的问题，做到这一点就需要冥思苦想，精益求精。同时，时间和实践也是检验软件性能和准确度的重要标尺。早在2014年，我馆就开发了英文到书查重软件系统，在使用过程中不断改进，发现问题就随时修改优化软件系统。很多细节非常容易出错，例如括号的中英文区别和配对问题，但经过不断探索，我们最终采取字符堆栈处理的方法解决了这一问题；在书商提供的来书电子表格中，字段名的准确检索也在相当长的一段时间困扰着我们，后来采用逐次循环检测的方法才彻底解决了这一问题；后台数据的准确及时也是一个非常重要的问题，大量数据的导入，错误数据、非规范数据的纠错，错误数据的障碍回避，所有这一切都需要长期大量实践来排查错误，绝不是某个软件高手单纯凭借技术优势就可以获得的；在后台数据库的选择中，我们起初采用Access数据库作为英文书目数据载体，但是后来中文书目查重检索时就有种小马拉大车的感觉，为此，我们咨询了有关专家和技术高手，大家一致认为Mysql数据库性能稳定、存储量足够大、索引后检索速度快速可靠；在Mysql数据库的下载安装过程中，图书馆机房的同志给予了大力帮助，利用娴熟的计算机技术对数据库的参数性能指标逐一调试，为软件的成功试制和运行打下了坚实的底层基础。以前我馆也曾经开发了一些基于数据库系统的查询检索软件系统，比如几个阅览室书目的检索等，但那都是基于Access系统的小程序，现在我馆开发的书目查重软件系统才真正踏上了一个新的台阶，为将来开发多用户、网络版的应用软件系统奠定了基础。

四、图书查重软件系统使用的效果和影响

图书查重软件从开始探索到如今已经两年有余，软件使用初始阶段便解放了验收人员，使验收查重不再繁琐，实现了图书验收自动化。后来软件系统全面介入采访工作，大显神威。现在，书商送来的图书已经杜绝了重书，已到书查重只是一种工作流程而已，图书验收人员再也不用一本一本地检索书目，图书采访人员再也不用担心海量图书订购的重书复本问题，编目人员手中的图书已经没有重书，编目查重只是一个工作流程而已。在图书批量查重的过程中，由于采用了先进的算法和Mysql数据库检索引擎的支持，对Mysql数据库重要字段（书名、ISBN）建立了索引处理，查重检索速度大大提高，目前4659条书目数据采访查重只需要12分钟，若是平时小批量查重马上就可以得到结果。图书查重软件系统不仅提高了书目查重的效率，而且提高了查重的准确性，特别是在书目数据量大的情况下，在人工不宜参与或人工不能达到精确无误时更显示出了它不可取代的作用，比如中文查重，因为工作流程的原因，人工逐本查重不具备可行性，而使用电脑批量查重问题便迎刃而解。

图书查重软件系统的开发不仅提高了书目查重的效率和准确性，而且为其他软件系统的开发和使用带了一个好头，我馆后来开发的期刊处理系统软件正是借鉴了图书查重软件系统的诸多算法和思想，使得软件短小精悍，事半功倍，很多子函数就是移植了图书查重软件的数据文件。

北邮公司得知这一信息后也派人前来取经，我们向对方介绍了软件开发的经验，与对方进行了真诚的交流。北邮软件公司的

领导、专家和技术高手为我馆的软件提出了许多高明的见解和意见，也为我馆软件系统后来的开发、优化指明了方向，同时，北邮公司把我们的技术和经验移植到新的系统，使软件功能和效率提高一步。北邮是民族企业，我们和北邮软件公司的交流与合作为我馆计算机应用水平的提高增加了正能量，也为北邮软件系统增加一个有益的子系统，我们之间的合作也算是为中华民族的科技尽绵薄之力。

五、图书查重软件与北邮图书馆系统的关系

我馆引进北邮图书馆软件系统后解决了很多图书馆的业务问题，北邮软件总体来说是不错的。近年来，北邮软件公司一直致力于开发创新，技术水平年年提高，北邮软件是信得过的好软件。

我馆开发的图书查重软件系统是北邮软件系统的一个补充和子系统。图书查重系统后台MYSQL数据库数据来源于北邮流通系统图书管理模块数据采集（另存为）和采访验收移交数据浏览，没有北邮软件系统，我馆开发的软件便成为无源之水。另一方面，我馆开发的软件弥补了北邮软件的不足，与北邮软件相得益彰。

计算机软件就是输入与输出的应用，计算机软件之间通过文件传输数据相联系也是大数据、云计算所必需的形式和保障。

六、图书查重软件的维护与展望

图书查重系统是图书采访工作的得力助手，现在，我馆采访查重主要依靠这一系统。根据组里领导的指示，为了万无一失，我们采取双机备份MYSQL数据库，两台计算机都可进行查重操作。采访数据报送时及时更新报送数据文件，验收数据移交和书目流通时

及时更新后台数据。

目前图书查重系统中文、英文分开检索，这样速度较快但整合性不够，另外查重操作还处于分立阶段。今后，图书查重的发展方向是“一键搞定”，这些都是有待改进的地方。小语种图书的查重检索也有待解决，只有多语种、多功能综合查重才是软件未来发展的目标。

七、图书查重软件开发的启示和思考

图书查重只是一个小型软件，但是小软件用处大。随着计算机的普及和发展，涌现出越来越多的计算机人才，软件、硬件都藏龙卧虎。坦率地讲，我院图书馆人员都不是技术高手，但是，我们熟悉图书馆业务流程，彼此也比较信任。我们有时间探索业务、钻研技术，有着得天独厚的条件，大公司虽然人才济济但也受一些条件的限制，尺有所短、寸有所长，只要我们勇于探索、勇于钻研，同样可以发挥我们小、微、特的优势有所作为。计算机公司开发了许多通用的、大型的软件系统，但对于一些专用的、定制的、小型软件无暇顾及，这正是我们的发展空间所在。过去开车是一项专业技术，司机是一门专业，很少有人涉及，现在大家都会开车，私家车比比皆是，计算机软件开发也是一样。过去只有少数尖端人才能够开发软件，现在很多小孩都是软件高手，我馆很多同志经常用EXCEL处理业务，其实EXCEL就是可视化数据库，大家就在进行软件开发，我们采编组只是更进了一步，我们实现了EXCEL操作的自动化，英文叫做Automating Microsoft Office，我们应该以此作为一个契机，把高超的技术请到家里来，把海参鱼翅当作萝卜白菜来吃。这样我们的工作就会更加现代化，我们的事业就会更加有奔头。

图书馆的业务归根到底就是为读者服务，计算机软件系统的价值也是为用户服务，随着图书馆业务的发展，随着计算机技术的进步，广大计算机使用者、广大图书馆业务人员越来越需要一些“接地气”的软件，广大人民群众越来越需要一些“接地气”的服务，而这样的服务需要对业务的熟悉，需要反复琢磨，把业务问题转化成数学问题，转化成计算机程序。在软件的开发过程中，把手工劳动变成自动化的流程，这需要深思熟虑、深入思考。德国人制造的产品世界闻名，靠的就是这种工匠精神，我们中华民族要想实现科技的进步、民族的振兴也需要脚踏实地的钻研精神。

在开发软件的过程中，我们用到了很多算法和数据结构，或者说我们构造了很多模式，我们把业务问题转化成了数学问题，数学是人脑的延伸，电脑是数学的化身，人类已经进入信息时代，人类的生产工具已经是电脑，电脑的灵魂是数学，我们中华民族应该发扬数学的特长，让数学走进寻常百姓的生活和工作，我们期待这一天早日到来。

面向科研的高校图书馆学科服务发展策略

图书馆　张燕莉

高校图书馆具有为教学服务、为科研服务、为社会服务、为文化传承服务的功能。教育部2015年新修订的《普通高等学校图书馆规程》中指出:“高等学校图书馆是学校的文献信息资源中心，是为人才培养和科学研究服务的学术性机构，是学校信息化建设的重要组成部分，是校园文化和社会文化建设的重要基地。图书馆的建设和发展应与学校的建设和发展相适应，其水平是学校总体水平的重要标志。”学科服务是顺应新信息环境应运而生的一种更深层次的信息服务，能够针对性地为教学与科研服务，承担图书馆与教学科研单位之间信息情报导航、联络的作用，是一种新的服务模式和新的服务机制。因此，高校图书馆应不断转变管理理念，强化图书馆管理，为学校的科研工作提供有力的资源支撑和学科服务。[①]

一、高校图书馆设置学科馆员的必要性

“学科馆员”制度的建立是大学图书馆服务创新的必然产物，是

① 沈洋:《高校图书馆学科服务内容建设的调查与研究》,《图书馆学研究》,2016年第20期，第75页。

高校图书馆自身工作发展的需要，是加强学科建设服务的需要，是高校图书馆发展理念的需要，是提高文献信息服务水平的必由之路。

（一）有利于提高文献的使用率

通过学科馆员及时向各院系提供学科专业、学科信息服务，比如提供定题服务、建立学科导航等，整理、宣传图书馆新增加的文献资源，促进对图书馆资源和服务的充分利用。设立专人与一个学院或者一个系建立联系，解除他们在利用文献资源过程中的疑虑，对提高图书的利用率，提高图书馆的声誉和地位都有较大影响。

（二）加强院系学科建设的需要

学科馆员具有学科专业知识和较高的信息专业水平，熟悉对口院系文献信息资源，能有效地为对口院系提供信息服务和业务操作指导。学科馆员制度的建立加强了院系与图书馆之间的紧密联系，能更好地为科研服务，高校图书馆的信息服务也由被动服务向主动服务转变，主动为各院系读者提供高水平、深层次服务，有利于知识创新。这是图书馆读者服务工作在新时期的新发展。

（三）稳定馆员队伍的需要

目前高校图书馆大多数馆员都具有本科以上学历，图书馆设置学科馆员制度，能促使具有其他专业学历背景的年轻人加强具体学科专业领域文献信息研究，能充分发挥其专业优势，调动他们工作的积极性，这不仅有利于他们自身发展和自我价值的实现，也有利于图书馆队伍的稳定，同时也能进一步提高图书馆信息服务的层次。

二、学科服务的主要内容

面向科研的高校图书馆学科服务在满足教学参考服务的基础

上，为学科研究人员提供信息环境，充分发挥图书馆的馆藏资源信息服务优势。

（一）为教学科研提供服务

高校图书馆针对入学新生和新进教师会提供入馆培训、文献课检索、学科建设专题讲座等学科服务项目，帮助其准确定位和高效利用庞大的信息资源体系。开设的文献检索课程的内容主要包含信息检索等基础性内容，旨在提升读者信息组织和检索技能，以便读者合理高效利用图书馆信息资源，享受图书馆学科服务带来的指导和帮助。同时根据读者不同的身份层次、不同的专业背景，有针对性地开展专题培训讲座，为学科建设和教学科研提供有效助力。

（二）学科专题数据库建设

所谓专题数据库，主要从学科领域、行业特色上来构建特定学科资源数据库，对某学科进展及动态信息的搜集、对最新研究成果的展示，对行业前沿知识文献的整合等。比如以学科分类推荐新书、提供最新资讯、行业发展动态、资源导航及检索等互动平台。

（三）学科馆员服务

由学科馆员提供的学科服务主要包括学科信息的提供、对应院系的联络、学科资源的建设，服务方式主要包括电话、E-mail、QQ、微博、MSN、BBS等人工在线实时咨询以及面对面咨询服务等。同时，学科馆员服务紧密结合本校的科研工作情况，为其提供科技查新、待查待检、学科定题以及文献资源的分析评价，同时追踪学科动态，第一时间全面整合具有较强时效性的信息资源，开展课题查新服务、重点学科网络资源导航服务等。[①]

① 沈洋：《高校图书馆学科服务内容建设的调查与研究》，《图书馆学研究》，2016年第20期，第77页。

三、图书馆在科研服务中存在的问题

高校科学研究具有学术性强、知识密集性大的特点，需要大量的文献信息资料作为支撑。由于技术、资金等方面原因，大多数高校图书馆的科研服务工作都存在一些问题。

（一）科研服务工作的深度和广度不够

在知识经济时代，知识飞速发展，面对庞杂的信息资源，用户对知识的渴求不仅仅局限于数量，更多是关注于知识的深度，其信息需求呈现出广泛、深入、多样化、复杂化的特点。面对如此形势，大学图书馆科研服务开展得还不够深入和广泛，服务的水平和质量均存在一定程度的不足。

从学科服务深度方面看，除部分顶尖“985院校”图书馆外，大多数图书馆的学科服务停留在基础层面，仅开展了一些基础性服务，如资源需求调研、资源宣传推广和培训与信息咨询等，一些深层次学科服务工作多拘泥于形式，没有实质性内容和进展。大部分图书馆的科研服务只能保证部分重点学科，基本上没有深入到二级学科。

从学科服务广度方面看，学科服务的对象应包括教师、研究生、本科生，教师和学生作为学科服务对象两大主体。然而很多图书馆一味追求为教师提供高端服务，忽视了为学生提供基础性服务，特别是高年级本科生和研究生群体的学科信息需求没有得到足够重视和满足。①

（二）专业学科馆员缺乏

高校图书馆科研服务工作面对的是一个具有不同专业需求的知

① 宋姬芳:《大学图书馆学科知识服务能力理论与实践》，北京：海洋出版社，2015年，第117页。

识群体，要使读者迅速获取所需的资料，这就要求图书馆员既要有图书馆专业知识，还要有一定的科研素养，才能为科研人员提供满意的服务，但这是大多数高校图书馆的薄弱环节。学科馆员人数的多少可一定程度反映图书馆对学科服务的认知和重视程度，应该以图书馆总人数、人员素质、院系专业设置和学校规模为设置依据。国外大学图书馆学科馆员数量较多，学科馆员人数大约占总人数的30%，一般一人负责一个学科或多人负责一个学科，如斯坦福大学图书馆有64位学科馆员，针对65个学科提供服务。国内大学图书馆学科馆员较少，且大多是兼职，一人对口服务多个院系，使得学科馆员在有限的精力下不太注重能力提高，素质参差不齐，开展服务的深度和广度有所差异，这些均使得学科服务的效果大打折扣。①

（三）与科研单位缺乏互动，个性化服务不到位

学科馆员和用户之间的沟通互动方式主要为电话、邮件，与用户的直接沟通与交流较少。在高校中，从事科研工作的人员大多分布于各院系及所属的科研机构，而图书馆则相对独立。在日常工作中，图书馆馆员把大部分精力都投入到基础的图书采编、图书流通服务当中，与科研人员接触甚少，缺乏联系互动，导致大多图书馆员不清楚学院及研究者的科研方向及动态，不能针对某一研究方向主动、及时、准确地为科研人员提供专业指导和相关资料，学科服务的专业性不强。

（四）学科服务平台水平较低

学科服务平台是给读者和馆员开展信息交流、实现用户服务的网络空间，开展学科化服务平台建设是整个学科化服务的基础工作之一。目前很多高校图书馆已经建立了一些学科服务平台，每个服务平台都有自己的服务专注点，而且这些服务平台各有所长，各个

① 贾静：《加强高校图书馆科研服务工作探析》，《图书情报工作》，2015年第12期，第41页。

平台都有自己独特的服务功能，但还存在着一些问题。比如：第一，学科服务内容建设不规范。在学科服务平台的导航设计中，不少图书馆集成馆内、外资源，但各种来源的学科信息缺乏有效分类、组织，缺乏健全的导航机制，读者使用效率低；第二，平台设计缺乏智能性。很多学科服务平台的宣传和资源导航成为其主要功能，信息单向流动，降低了平台建设的利用价值，同时，平台的服务方式多样化，但其智能性有待提升。

四、面向科研的高校图书馆学科服务的策略

鉴于高校图书馆在面向科研的学科服务中存在的问题，对如何加强高校图书馆科研服务的改进，提出以下几点建议，希望对提升高校图书馆学科服务工作起到促进作用。

（一）注重文献资源建设

注重文献资源的广度和深度。在加大图书馆采购数量的同时，多与院系、科研机构沟通，合理设置馆藏，提高文献资源的采购质量，形成专业性、新颖性、实用性相结合的馆藏结构；为科研用户提供简便、高效的检索工具，逐步建立符合本校专业课程、专业方向研究的指南，提供深层次的科研服务。

（二）设立学科馆员制度

学科馆员制度的建立是为了更好地提供学科信息服务，学科馆员制度是目前高校图书馆发展的一大趋势，也是现代图书馆发展的重中之重。学科馆员制度是图书馆的学科馆员依托图书馆和公共信息资源，为各类学科专业人士提供学科专业信息和知识而建立的一种新型服务方式。高校建立学科馆员制度主要是为各院系提供专业学科信息服务，主动地、有针对性地收集和提供信息服务，如定题

服务、建立学科导航等。学科馆员制度的建立加强了院系与图书馆之间的紧密联系，能更好地为科研服务，实现高校图书馆信息服务由被动向主动的转变，使图书馆的信息资源最大化地得到利用，满足广大师生的需求。学科馆员应充分围绕“满足用户需求”提供全方位的、个性化的学科信息服务。个性化学科信息服务对于馆员的个人素质要求很高，其中包括图书馆学专业知识、计算机专业知识、信息学专业知识。①

（三）创新学科服务内容

1. 构建高校机构知识库

与学科知识库及专题数据库相比，机构知识库涵盖了各个学科的科研内容，为数字环境下进行的科研活动提供一个全面的平台。高校图书馆作为知识资源主体，更应该从学术文献资源的收集、加工、整理、存储、分析中，完善机构知识库。如借助知识讲座、学科服务培训班、在线课堂等方式来指导读者参与到开放存取的环境中，从信息资源的使用、存储、共享中最大限度地发挥学术资源的价值。机构知识库作为科研工作知识成果传播和应用的重要机制，在服务学科科研工作中作用巨大，各高校图书馆应该积极承担建设责任，来支撑科学研究。

2. 建立学科专题特色数据库

对于不同专业的科研工作者，由于其研究方向及利用方式的不同，使得高校图书馆需要建立具有专业特色的数据库，来满足某一领域人员对文献资源的需求。学科专题特色数据库能够满足科研用户的特殊需要，弥补综合数据库、书刊的不足，同时学科馆员对专题特色数据库中的信息进行归类、分析，跟踪科研进度，使得科研

① 谭巍：《面向科研的高校图书馆个性化信息服务实施与对策——以江西科技示范大学图书馆为例》，《科技广场》，2015年第8期，第178—179页。

工作者能够及时、准确地掌握科研信息，满足科研发展的需要。[①]

（四）构建学科服务平台

在当今信息社会，网络技术高度发展，各高校都建立了相应的网络平台。学科服务平台是学科馆员的网络服务平台，由学科馆员组织、整合各种电子资源，进行信息共享。与其他的服务平台相比，其具有专业性、知识性、智能性及可靠性等特点。对于高校图书馆来说，也应该充分利用这些信息基础设施，把图书馆信息平台融入到学校的平台之中，把图书馆资源的提供、服务、和评价体系都构建起来。通过信息化的手段，创新个性化服务平台，通过多种渠道和多种手段为学校的个性化信息需求提供服务，提高图书馆的信息服务水平。比如：微信服务平台、博客服务平台、短信服务平台等。主要功能包括学科信息导航功能、参考咨询功能、信息素养教育功能、资源推送功能、用户参与功能、统计分析功能等。[②]

五、结语

高校图书馆开展面向科研的学科服务，就是要充分利用图书馆信息资源，为学校的科研进行服务，图书馆要不断提高学科服务质量，延伸服务领域，创新服务手段，这对图书馆及学校的发展都将有深远影响。

---

① 孙羽佳：《面向科研的高校图书馆学科服务发展研究》，《农业图书情报学刊》，2015年第11期，第172页。

② 同上。